教育数字化

——区块链技术与实践

欧阳玲　洪文兴 /编著

本专著系全国教育科学“十三五”规划 2018 年度教育部重点课题“基于区块链技术的中学生综合素质评价征信体系构建及应用研究”(课题批准号：DEA180435) 研究成果。

厦门大学出版社
XIAMEN UNIVERSITY PRESS
国家一级出版社
全国百佳图书出版单位

图书在版编目(CIP)数据

教育数字化:区块链技术与实践/欧阳玲,洪文兴编著.—厦门:厦门大学出版社,2021.12

ISBN 978-7-5615-8442-2

Ⅰ.①教… Ⅱ.①欧… ②洪… Ⅲ.①区块链技术—应用—教育—研究 Ⅳ.①G4-39

中国版本图书馆 CIP 数据核字(2021)第 256083 号

出 版 人 郑文礼
责任编辑 陈进才

出版发行 厦门大学出版社
社　　址 厦门市软件园二期望海路 39 号
邮政编码 361008
总　　机 0592-2181111　0592-2181406(传真)
营销中心 0592-2184458　0592-2181365
网　　址 http://www.xmupress.com
邮　　箱 xmup@xmupress.com
印　　刷 厦门市明亮彩印有限公司

开本 720 mm×1 020 mm　1/16
印张 13.25
字数 200 千字
版次 2021 年 12 月第 1 版
印次 2021 年 12 月第 1 次印刷
定价 58.00 元

本书如有印装质量问题请直接寄承印厂调换

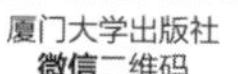
厦门大学出版社
微信二维码

厦门大学出版社
微博二维码

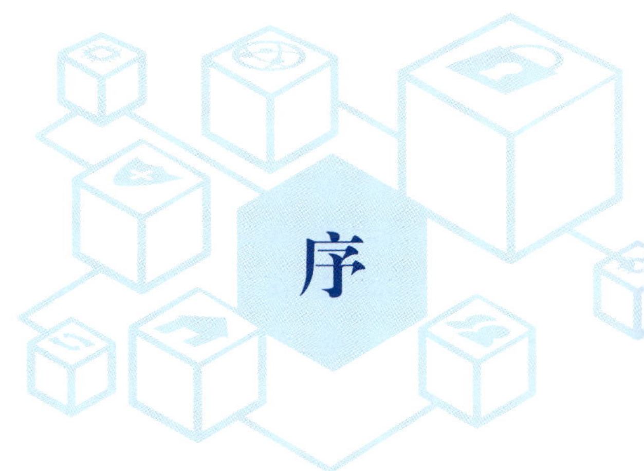

序

2020年9月22日，习近平总书记在教育文化卫生体育领域专家代表座谈会上的讲话指出:“要全面深化教育领域综合改革，增强教育改革的系统性、整体性、协同性。要抓好深化新时代教育评价改革总体方案出台和落实落地，构建符合中国实际、具有世界水平的评价体系。要总结应对新冠肺炎疫情以来大规模在线教育的经验，利用信息技术更新教育理念、变革教育模式。要扩大教育对外开放，优化教育开放全球布局，加强国际科技交流合作，提升层次和水平。”

在科技迅猛发展的今天，教育领域也开始向数字化、网络化、智能化转型。教育领域数字化转型（简称“教育数字化”）是指利用现代技术，例如云平台、物联网、大数据等新兴技术，改变学校、教育工作者等与学生之间的交流方式。数字化的目的是利用信息采集技术，将现实世界信息映射成虚拟世界的规范数据，利用数字化图表代替传统的烦琐纸质文件。在教育数字化转型中更强调的是“流程数字化”，通过将学生评价、考勤、信息汇总等流程进行数字化，从而倍增工作效率、资源利用效率，并创造出数字化价值。教育领域网络作为信息化的公共基础设施，不仅提供现实世界与虚拟世界互动通道，也是数字化节点之间的通信设施。区块链是新一代网络基础设施的代表，它构建出一套信任网络体系，不但可以通过网络来传递价值，更使得网络本身具备了价值。在通信技术高度发达的今天，教育服务网络结合区块链对于教育质量改革有着十分重要的意义。例如家长可以通过网络在教育信息平台随时关注孩子的成长，老师也可以随时与家长、学生交流互动，加强沟通，增强信任，共同进步。智能化是信息技术的永恒追求，随着新一代人工智能热潮来临，教育领域也要进行智能化转型。智能化反映信息产品的质量属性，一个信息产品是智能的，通常是指这个产品能完成有智慧的人才能完成的事情，具有了人的意义。教育领域智能化转型，需要建立在数字化网络基础上，利用深度学习等技术，为教书育人提供更优质的方法。随着时代的发展，对于人才培养要求越来越完备，国家也进行一轮又一轮的课程改革，以适应新时代教育要求，教育内容变了，对应的教育对象也需要有相应的素质素养，那么智能化技术的应用，势必会帮助教师与学生更好适应这个过渡过程。

全国新一轮高中课改逐步展开，学生综合素质评价结果将作为高校招生录取的重要参考，学生综合素质评价更加注重实证和过程化，特别强调了“谁用谁评价”的评价模式。欣闻福建省厦门第六中学联合福建省厦门双十中学、厦门一中、南安一中等名校，开展了基于信息技术的普通高中生综合素质评价机制研究、厦门六中综合素质平台建设、基于区块链技术的中学生综合素质评价征信体系构建及应用研究等一系列项目。我认为将新兴技术应用到学生综合素质评价上，符合教育领域向数字化、网络化、智能化转型的进程，是一次大胆的尝试，在中小学生素质评价建设中具有先锋探索意义，值得进行大规模推广。

为此本书邀请了诸多专家学者参与编写，结合教育一线的实践经验及现实案例，探讨如何从各方面来进行教育数字化、网络化的转型。本书按基础到平台再到应用的顺序，从理论研究到工程实践的完整结构。我由衷希望本书能成为教育一线工作者、教育技术人员等的教育信息技术工作指南，也为中学综合素质评价与高校招生的有效对接提供借鉴与参考。感谢欧阳玲校长主持全国教育科学“十三五”规划2018年度教育部重点课题“基于区块链技术的中学生综合素质评价征信体系构建及应用研究”课题组、厦门大学洪文兴课题组、各位参与的专家学者，分享教育数字化的观点及落地实践的经验，并汇编成册。

2021年4月6日

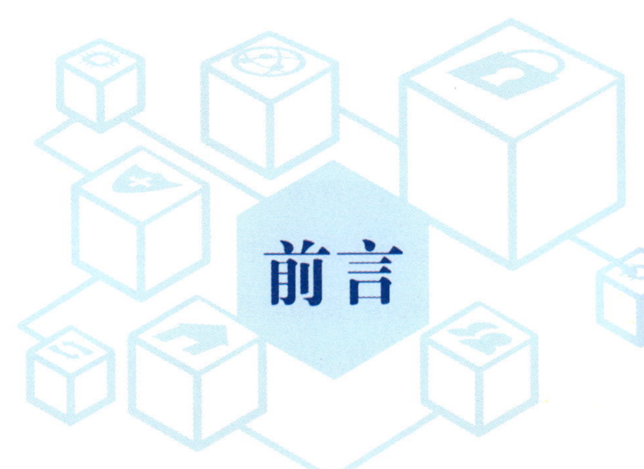

前言

近两年，区块链产业发展蒸蒸日上，核心价值逐渐凸显，区块链所具有的去中心化、难以篡改等特征使其在诸多领域具有重构商业模式、打造全新产业生态、推动经济高质量发展的发展潜力。目前区块链正逐渐发展为数字经济时代产业发展的新型基础设施。

习近平总书记曾强调，要把区块链作为核心技术自主创新重要突破口，加快推动区块链技术和产业创新发展。如今，区块链产业发展已迎来了重要的“产业增值落地期”，目前，我国区块链已在金融、社会治理、民生服务、商业应用等与生活和经济发展密切相关的领域开始融合，并在供应链、政务、文化版权、教育、溯源、慈善等细分领域开始探索区块链的深层次应用。

在教育行业，随着区块链等信息技术的发展及其在教育中的应用，教育行业正面临理念更新、模式变革、体系重构的发展机遇与挑战，教育形态的数字化、教育资源的云端化、教育终端的多元化、教育体验的沉浸化等趋势愈加明显，教育行业将在内容的展现形态，教学模式、育人策略、学习体验等方面发生根本性的变革。2021年3月教育部印发的《关于加强新时代教育管理信息化工作的通知》指出，要利用新一代信息技术提升教育管理数字化、网络化、智能化水平，推动教育决策由经验驱动向数据驱动转变、教育管理由单向管理向协同治理转变、教育服务由被动响应向主动服务转变。同时，要求加强教育管理信息化统筹协调，优化信息系统供给模式，提高教育数据管理水平，促进管理服务流程再造，提高基础设施支撑能力，以信息化支撑教育治理体系和治理能力现代化。

因此，为了积极响应政府对教育行业的指导要求，推动教育行业的全面数字化转型，我们既要高屋建瓴把握教育数字化改革的方向，掌握教育数字化发展趋势，也要脚踏实地地深入了解大数据、区块链等信息技术的本质，知晓其在各教育场景的应用方法与相应的数字化平台建设策略。

第一，教育数字化是一项由模式驱动的系统性工程，既包括教育资源数字化、教育流程数字化、教育环境数字化，也包括教育管理、教育服务数字化等。因此，要以前瞻思维布局教育数字化生态，探索信息技术在教育行业各业务模块的深层应用价值，寻找适合其发展的商业模式和应用范式，加速教育数字资源的高效应用、教育决策的智能化水平与教育业务的协同创新。

第二，教育数字化是一项由技术领航的产业化变革，既包括区块链技术在职业教育、素质教育、商业培训等方面的变革，也包括大数据、云计算在校园管理等领域的变革。以区块链技术为例，区块链作为数字经济与协同经济发展的底层技术，与新型基础设施的结合，能够为教育产业建立制度化、程序化、分布式、智能化治理新模式。因此，在教育数字化应用实践中，除了需要在关键技术方面深入研究，知晓技术底层逻辑及本源价值外，也要探索关键技术在特定教育场景中的应用方法与路径，通过技术在教育产业中的深入应用，盘活教育资源，提升教学、育人水平，实现关键技术在教育产业应用的“弯道超车”。

第三，教育数字化是一项由平台支撑的商业化应用，平台作为推动数字化创新与服务的重要媒介，平台应用包括解决方案和平台设计、开发和部署、应用和推广等过程。在教育数字化进程中，通过在数字化平台上建立起特定教育场景的平台应用方案，对教学资源、科研管理、生活服务等校园信息的收集、处理、整合、存储、传输和应用，使数字供需资源得到充分共享与匹配，赋能校园环境优化、教学质量变革、产学研有效协同，最终实现教育过程全面信息化，提高教学管理水平和学校核心竞争力。

展现在大家面前的《教育数字化》一书是课题组致力于引导大数据、区块链等数字技术在教育产业“生根发芽”的阶段性成果。本书邀请了教育领域的学者、一线工作者、科技人员、区块链专家共同编写。本书内容以教育数字化为主题，从特色教育理念出发，探索以区块链技术为主的数字化技术在教育数字化转型中的作用和路径，并结合厦门六中在学生综合素质评价的实践案例，探讨区块链应用于教育产业中的优点、潜力、方法与未来发展趋势。本书介绍了特色教育体系的内涵，教育数字化趋势，区块链、大数据等技术在教育领域、智慧校园建设方面的价值及应用方法等，并邀请各地教育工作者总结分析在实践过程中的收获以及遇到的难点，介绍了教育信息化服务平台建设经验，探讨了如何将现有数字化系统与区块链平台对接。

本书特别感谢教育部课题组成员：欧阳玲（厦门双十中学）、戴鹭坚（厦门市教育事务受理中心）、苏圣奎（厦门六中，下同）、张建阳、刘明、江礼平、吴家榕、林燕、赵向波、王璘。他们为本书提供了选题的背景，以及详细的课题研究成果和实践。

本书特别感谢大数据与智能计算创新社区成员：洪文兴（厦门大学自动化系教授）、李超（清华大学信息国家研究中心副研究员）、思二勋（中国通信工业协会数字经济分会专家委员）、朱达欣（泉州师范学院数学与计算机科学学院教授）、王宁（厦门华厦学院教授）、欧少峰（厦门物思科技有限公司创始人、CEO）、郑尚煖（厦门物思科技有限公司创始人、CTO），以及厦门大学洪文兴教授课题组的三位研究生尤锦杰、张禾佳、洪端钦。他们参与撰写了本书的各个章节。本书在各章的脚注中予以注明，以示感谢。

本书特别感谢大数据与智能计算创新社区，创新社区制定了“数据科学产教融合”课程体系，包括15门课程及核心模块，以期形成完整的人才数字力评测体系。我们将努力深化产教融合，促进教育链与产业链、人才链与创新链的有机衔接，为多维度的教育创新、经济转型升级、培育经济发展人才端新动能贡献力量。

本书校验工作由洪文兴、思二勋、苏圣奎、尤锦杰、张禾佳负责完成，还有其他为本书出版过程中，提出宝贵意见以及建议的老师和同学，在此一并感谢。

本书出版由全国教育科学“十三五”规划2018年度教育部重点课题“基于区块链技术的中学生综合素质评价征信体系构建及应用研究”（课题批准号：DEA180435）赞助。

最后，我们希望教育领域的相关从业者能够从本书的案例中得到启发，让本书成为广大读者了解、认识区块链等相关技术在教育行业应用的工具手册。

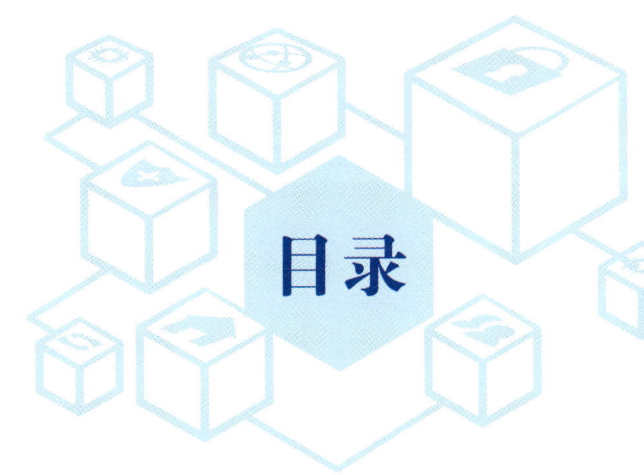

目录

教 育
数字化
——区块链技术与实践

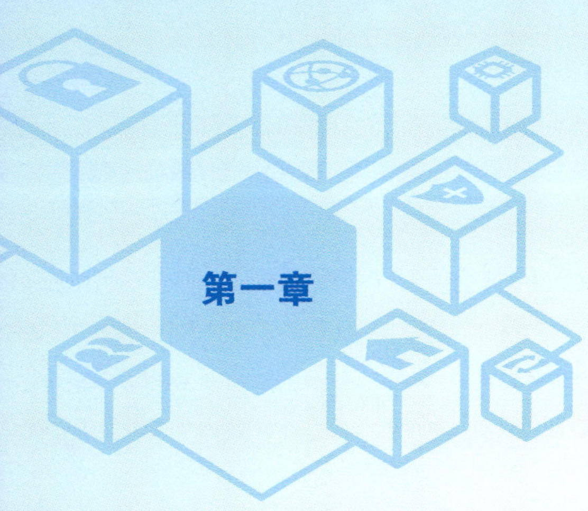

基础教育新课题[1]

1　本章作者为欧阳玲，发表于《教育评论》2021年第10期，略有修改。

随着经济和科技竞争日益激烈，培养全面发展人才的迫切性已成为国家和社会的共识，如何培养“五育并举”的新时代人才是摆在基础教育面前的新课题。本章通过构建中学“五育”特色教育体系，在分析其内涵发展的基础上，从文化培育、课程建设、活动开发、交流检验、综合评价等方面实施全面发展人才的培养，推动中学育人方式的改革与发展。同时随着新课题的出现，推进教育领域数字化也将成为新一轮教育改革的重点方向。

1.1 引 言

随着知识经济的发展和全球化时代的到来，国家经济发展和全球竞争聚焦于科学技术和人力资源，越来越多的国家从长远发展的战略高度重视基础教育。在这样的时代背景下，我国新一轮的新高考、新课程和新教材改革拉开了序幕。2014年9月，国务院发布《关于深化考试招生制度改革的实施意见》，开启了自1977年恢复高考以来力度最大的一轮高考改革，上海、浙江、北京、天津、山东、海南、福建等14个省市相继启动高考综合改革，探索人才选拔方向。与之相呼应的新课程、新教材改革也陆续深入推进。2018年1月，教育部发布《普通高中课程方案和语文等学科课程标准（2017年版）》，同年8月，《关于做好普通高中新课程新教材实施工作的指导意见》正式发布。这两个文件的出台，充分体现了国家对普通高中课程的规范指导和质量要求，明确了学生在课程和教材改革中应形成的正确价值观念、必备品格和关键能力。为落实习近平总书记在全国教育大会上“构建德智体美劳全面培养的教育体系，形成更高水平的人才培养体系”的讲话精神，《关于新时代推进普通高中育人方式改革的指导意见》《关于深化教育教学改革全面提高义务教育质量的意见》和《关于全面加强新时代大中小学劳动教育的意见》三大重磅文件陆续发布，直接指向“五育并举”，培养全面发展的人才。中学阶段作为学生立德、增智、健体、益美和促劳的黄金时期，肩负着为国家培养德智体美劳全面发展人才的历史使命。

1.2 内涵发展

“五育并举”“五育融合”思想是近现代思想家、教育家基于对国家命运、民族危机和“人的全面发展”的深刻认识和实践基础上提出的。早在1912年，我国著名教育家蔡元培先生在《对于新教育之意见》中提出“军国民教育、实利主义教育、公民道德教育、世界观教育、美感教育皆近日之教育所不可偏废”的“五育并举”主张。[1]经亨颐先生提出了“人格为先、五育并举”的教育思想。新中国成立后，德智体美劳全面发展的育人目标逐渐成为共识，直至2018年全国教育大会提出构建“全面发展的教育体系”，五育并举、融合育人，成为全体教育工作者的共同奋斗目标。[2]

近五年来，笔者先后担任福建省厦门第六中学（简称“厦门六中”）和福建省厦门双十中学（简称“双十中学”）两所学校的校长，在实施“五育”协同发展的过程中，遇到一些教育教学的实际问题，如：实施“五育”的同时如何兼顾学生的心理健康？新高考背景下如何评价“五育”在落实核心素养的作用？家长对孩子未来职业的规划和期望与孩子自身的职业能力或者兴趣之间存在落差，这并非纯粹、狭义的劳动教育可以解决的现实矛盾，可否将生涯规划教育与劳动教育相融合，形成广义、校本的劳动教育？……带着这些问题，学校教育团队将心理健康教育和生涯规划教育分别纳入德育和劳动教育范畴，融入“五育”教学实践之中，构建中学“五育”特色教育体系，即开辟特色教育“土壤”，以德育为先、智育为本、体育为重、美育为翼、劳育为媒开展“五育融合”育人实践，在课程、活动和评价中落实立德树人根本任务，培养德智体美劳全面而均衡发展的新时代中学生。

1.2.1　德育为先，润心铸魂

德育是旨在形成受教育者一定思想品德的教育，在社会主义中国包括思想教育、政治教育和道德教育。[3]学校重视将社会主义核心价值观融入教育教学全过程。一是开展社会主义核心价值观专题师德培训，强化教师的“榜样意识”，增强立德树人的使命感与责任感，促进教师主动践行社会主义核心价值观，挖掘学科教材中关于中国优秀传统文化渗透到个人、社会和国家三个层面的素材，推动社会主义核心价值观教育与学科教学的有机融合；二是发挥思想政治教师的德育引领作用，上好思政国家课程，并充分挖掘具有时代特色的教育素材，围绕国家重大节日和纪念日，开展红色文化系列主题教育活动，引导学生在活动中体悟德育；三是以学校“朗读亭”为平台，开展中华优秀传统文化诵读活动，培养学生阅读兴趣，营造文化育人氛围，打造学校朗读品牌；四是以行为规范为抓手，实施学生综合素质评价，创建“星级班级”，引导学生养成良好习惯、强化公民意识。

为了进一步发挥德育的引领作用，厦门六中将德育与心理健康教育有机融合，开展团队心理辅导活动，即教师通过组织学生团队进行交互活动，促使每一个学生个体在团队交往中通过观察、学习、体验来认识自我，调整与他人交往的方式，改善人际关系，学习新的人生态度和处事方式。团队心理辅导活动克服传统德育活动中教师单向输出的不足，要求教师要有真诚的态度和同理心，要掌握有效沟通的表达艺术，真正走入学生的内心。[4]如，在新冠疫情期间，学校开展“生如夏花，阳光心语”学生成长共同体会谈活动，对全校教师进行系统的团队心理辅导培训，让学生可以自主选择喜欢的任课教师作为团队心理活动的辅导教师。教师在活动中根据现场学生反馈情况全方位、多角度地进行拓展，包括学生思想心理状态，普及自我心理调节的方法，提高自我调节能力。

1.2.2　智育为本，启智培根

智育是以系统的科学知识学习为基础，促进学生智力发展的教育。[5]智育是学校教育的核心工作，主要通过多元化的课程教学活动来实施。如，厦门六中数学教学团队开展基于创新人才培养的中学数学建模教学实践研究，引导学生组建数学建模小组合作解决现实生活中的热点问题，并以研究报告的形式来呈现团队的研究成果，让每名学生亲身体验科学研究和创新创造的全过程，有效激发了学生的数学学习兴趣，提升了学生的数学应用意识、创新能力和数学建模核心素养，探索以“数学建模进阶式课程体系”推动数学育人方式改革。[6]

1.2.3　体育为重，强身立志

中小学阶段，体育能提高学生身体机能，促进身心发育，培养热爱运动的心理和“为祖国健康工作五十年”的志向，并帮助学生形成自觉锻炼的习惯。基于体育的重要性，学校落实国家体育课程，开展阳光体育活动，使每一名学生做到每天锻炼，促进学生体质健康水平的提高。在此基础上，每年定期组织一次春季趣味运动会和一次秋季田径运动会，丰富学生校园体育生活。春季趣味运动会以集体趣味项目为主，将班级学生划分为若干小组，以班级小组为参赛单位，开展年级趣味赛，优胜小组进入全校趣味赛，实现学生“百分百参与”。秋季运动会以田径竞技项目为主，将足球、网球、击剑等学校特色运动项目融入其中，形成时长为一周的校园体育节。此外，学校以年级为单位不定期开展各类运动比赛，如三人篮球、五人足球、乒乓球、羽毛球、拔河、跳长绳等比赛活动，多途径拓宽学生体育运动的参与面，普及体育运动，提升学生身体素质。

1.2.4 美育为翼，提升素质

美育是以艺术美、自然美、社会美等为内容陶冶学生情感，培养学生发现美、表现美和创造美的能力的教育。[7]厦门六中重视发展艺术教育，以艺术教育特长班为基础，致力发展艺术教育特色，通过开发校本艺术课程普及艺术教育，形成由音乐、美术、朗诵、舞蹈、管弦乐、阿卡贝拉、书法、皮影戏等构成的多元艺术课程体系，让每一名学生在充满艺术气息的校园里得到美的熏陶，提升学生的艺术素养、审美能力和综合素质。如，厦门六中阿卡贝拉合唱团以清新脱俗的无伴奏合唱风靡全国，不仅为学生提供创造美的舞台，也为世人呈现了学校美育成果的一个缩影。

1.2.5 劳育为媒，全面发展

劳动教育是中国特色社会主义教育制度的重要内容，新时代劳动教育既要助力“以劳动托起中国梦”的伟大实践，培养堪当民族复兴大任的时代新人，也要培养学生通过辛勤劳动、诚实劳动、创造性劳动创造美好生活、实现人生价值的意识与能力。[8]劳动教育并不只是组织学生参加各种劳动，更要注重劳动课程的开发、教材的编写等教学活动形式。如，双十中学根据《关于全面加强新时代大中小学劳动教育的意见》中“要把劳动教育纳入人才培养全过程，贯通大中小各学段，贯穿家庭、学校、社会各方面”的要求，创新劳动教育模式，开发校本劳动教材，内容包括“日常生活劳动”“服务性劳动”“生产劳动”“生活妙招”“生涯规划”等版块。“生涯规划”版块是以劳动体验和职场实践作为学生劳动教育的重要内容，学校推行“3+3+1”的三年一贯制的学生发展指导模式。第一个“3”是引导学生深入探索自我、职业和理想，建立个人兴趣与社会需求相结合的生涯目标；第二个“3”是抓住选科指导、专业定向和院校定位三个重点开展工作，帮助学生理性完成决策；“1”是形成分层分类的多元培养方案，解决学生在高中阶段的多元发展需求。学校通过开展丰富多彩的课程和活动，从高一到高三，针对不同年级学生当前的发展任务进行相应的指导，帮助学生了解和思考自身个性特征与所体验职业的特征之间的关联度，促进生涯规划教育和劳动教育的协调发展，使学生在感悟中成长。[9]

中学“五育”特色教育体系不是德育、智育、美育、体育和劳动教育的简单拼凑和叠加，也不是各育的简单整合，而是将各育融入中学课堂教学和学科活动之中，相互渗透，基于校情和学情实施校本化融合。

1.3 实施路径

中学“五育”特色教育体系以培养全面发展的人为目标，遵循“文化培育→课程建设→活动开发→交流检验→综合评价”的实施路径，通过构建“五育”特色课程体系、家校社三方合作实践平台和综合素质评价机制，推动中学育人方式改革。

1.3.1 培育校园文化，推行“温度”教育

校园文化是体现学校师生人文素养、价值关怀的支撑和推手，是学校生存和发展的途径与动力。笔者以“温度”教育为治校理念，将“温文尔雅，思想有高度；温暖有责，教学有精度；温和平实，言行有尺度”融入学校文化建设，引领师生在思想上提升高度，教学上追求精度，言行上注重尺度，并修炼温文尔雅的气质、温暖有责的品格及温和平实的心态，奠定“五育”特色教育体系的文化基础，确立学校师生的共同愿景和追求。

1.3.2 面向全体学生，设置“五育”课程

课程是教育教学工作的基础和核心。为了推动“五育”育人体系的发展，学校制定《“五育”特色课程发展规划》，开发出以国家课程为基础，以体现丰富性的综合实践课程、特色性的地方校本课程和前瞻性的衔接课程为重要组成部分的“五育”特色课程体系，为“五育”特色教育体系的构建

打下坚实的课程基础。如厦门六中设有校本课程100门，社团课程和校企合作生涯规划课程18门。形成了“六中情”“中国心”“国际眼”“生涯路”的特色校本课程体系（图1-1），用一张多元的“课程表”推动学生全面发展，促进“五育并举”。所谓“六中情”课程，是由学校创造教育、艺术教育和心理健康教育三大特色课程组成，如创造思维、数学建模、手工、园艺、机器人、素质舞蹈、阿卡贝拉、中学生心理健康教育等；“中国心”课程是学校着眼于中华传统文化的传承、民族责任感的培育及公民素养的提升，开发出如经典诵读、皮影戏欣赏与制作、国学礼仪、书法、闽南文化等课程；“国际眼”课程是在学校与国外友好学校合作交流的过程中，开发出如戏剧表演、哈佛演讲与辩论等课程，以全外教的形式在高一、高二年段进行普惠制小班教学，让学生在心怀祖国的同时，能够触摸世界，开阔视野；“生涯路”课程是实施生涯规划教育的重要载体，采用PBL项目式体验的课程模式，让学生带着任务学习，关注自身的兴趣与体验，明确自己的梦想与方向。课程内容涉及戏剧与影视、哲学、金融学、法学、心理学、建筑学、环境工程、医学、工商管理、航空航天、工业设计等高校12个专业大类及其所属的专业科目。

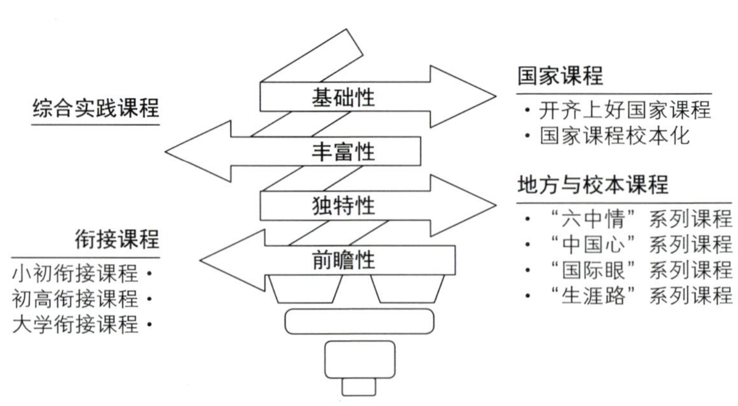

图1-1　厦门六中“五育”特色课程体系

1.3.3 三方合作育人，开发多元活动

学校教育与家庭教育、社会教育有机结合，回归广义的教育，这是教育的理想境界。建立“家、校、社”三方合作的协同育人机制，树立大教育观，突破原有学校教育的框架，将社会、家庭教育纳入教育的顶层设计，是教育思想、培养模式、育人机制的根本转变。[10]“五育”特色课程关注学生知识和技能的应用，在“家、校、社”合作育人理念指引下，开发三方合作实践平台，包括学生成长指导中心、家校合作社团、校企合作实践基地。三方合作实践平台汇集德育、教学、实验、交流与展示等多样化功能，让学生在成长指导中心中学习交流，在家校合作社团中合作展示，在实践基地中应用创新，面向不同层次、不同特点的学生，关注每个学生的成长需求，为学生提供一个知识应用和创新的交流平台。如，双十中学在“全员、全方位、全过程”育人理念的指导下，建立“家、校、社”德育互联“立交桥”，定期开设“双十大讲坛”，聘请在专业领域有所建树的高校教授、知名校友、家长走进校园，开设知识拓展讲座，内容涉及宇宙物理、机器人工程、文学与诗歌创作、TRIZ入门、人工智能与大数据等，并在校园科技节、艺术节、话剧节、读写节、体育节等活动中引入科技、文化、体育企业的最新产品，展示当前各领域前沿技术与成果。学校还组织学生走进企业、大学和科研院所，开展多种形式的研学实践活动，促进学生的奇思妙想“孵化”为创新成果。

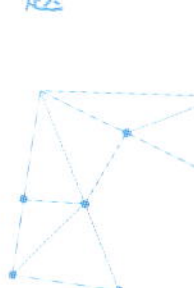

1.3.4 促进交流展示，检验育人成效

学生经过“五育”特色课程的学习和“家、校、社”三方合作实践平台的磨练，积累了一定的知识技能和活动经验，已经具备初步的问题解决能力，可以在更大的交流平台中进行交流和展示。学校大力推动学生参加

各级各类科技、艺术、体育、创新活动和比赛，检验“五育”特色教育体系的实施成效。如，厦门六中每年组织学生参加青少年科技创新大赛、国际数学建模挑战赛、宋庆龄少年儿童发明奖评选、“明天小小科学家”奖励活动、全国中学生结构设计大赛、艺术展演、朗诵比赛、全国中学生足球赛、健美操比赛等，让学生在比赛和展示中与来自全国不同地区的优秀中学生进行交流与竞争，拓宽知识视野，丰富解决问题的策略方法。

1.3.5 推进评价改革，强化综合素质

学校实施“以综合评价激励学生发展”的评价理念，深度挖掘学生发展潜质。厦门六中根据教育部颁布的《关于加强和改进普通高中学生综合素质评价的意见》《福建省普通高中学生综合素质评价实施办法》，结合《中国学生发展核心素养》构建“五育”综合评价指标体系。综合评价指标包含“思想品德”“学业水平”“身心健康”“艺术素养”“社会实践”“劳动素养”等6个一级指标，18个二级指标及48个三级指标，并对三级指标进行了操作性描述。评价实施过程关注学生在课堂、活动和比赛中的表现和成绩，组织高校专家、企业工程师、家长和学校多学科教师成立评审小组开展综合评价，并利用区块链技术构建学生的综合评价征信体系，建立学生信用档案，确保综合评价的信度和效度。

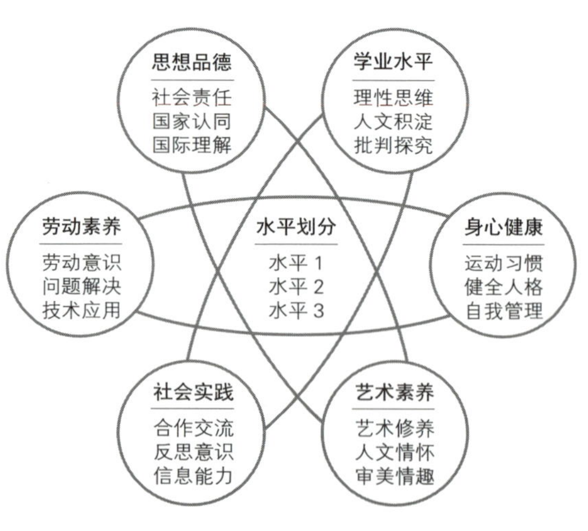

图1-2 “五育”综合评价指标体系

1.4 思考与展望

1.4.1 坚持立德树人，培养时代英才

中学“五育”育人体系要围绕立德树人的根本任务，融合中华五千年传统文化，放眼世界教育发展潮流，创造性地打造富有育人价值的“五育”文化，为培养学生的爱国主义精神、民族文化认同感和自信心打下基础。如，在“五育”课程体系中增加学科文化课程，将中外名家、名著、学科史整合成校本教材，提高学生思想觉悟、道德水平和文明素养，将“立德树人、以文化人”理念渗透到教育教学的全过程。

1.4.2 打破学科边界，构建融合课程

“五育”育人体系既要继承五育优秀学科文化，又要打破学科边界，将教育教学的“触角”延伸到科学、人文等领域，生成跨学科、多领域、高融合的“五育”课程。如，构建融合科学、技术、工程、艺术和数学领域的STEAM教育课程，创建STEAM创新实验室，在实验室中开展跨学科融合的项目研究，让学生体验学科内涵发展和应用价值，拓宽学生视野。

1.4.3 改革教学方式，激发创新潜质

随着新课程、新课标、新高考改革的不断深化，学生单向接受知识的教学方式已经不能适应新时代的育人要求，推进中学育人方式改革的首要

任务是转变教学方式。教师应遵循学生的认知规律，通过多元化的教学方式，让学生亲身体验知识发生、发展和生成的过程，将学科知识与生活实际建立多向联系，促进学生批判性思维和创新能力的多元化、全面性发展。如，巴罗斯（Barrows. HS）提出的基于问题的教学方式，打破学科间的界限，以解决具有现实意义的问题为目标导向，通过提出问题、规划方案、解决问题、展示成果、评价反思等环节，开发出研究报告、实物模型、计算机模型、视频，让学生从被动接受者，变为主动探索者。

1.4.4 提高教师素质，鼓励多元发展

构建适合时代要求的教师培训体系和评价机制，拓宽教师专业视野，为教师开辟多元发展途径，鼓励教师合作发展，敢于接受新的教育理念，尝试新的育人方式，培养教师具备面向未来跨学科教学的核心竞争力，全面提升教师的师德品质和综合技能，以满足不同学生个体发展的需要，促进学生有个性地全面发展。如，学校可对不同学科教师的知识体系和年龄结构进行调研分析，根据分析结果进行分类整合，为不同类型群体的教师提供相应的通识培训和学科培训，统筹构建适应时代要求的教师培训体系。通识培训可以引入诸如“STEAM学习项目设计与实施”“教师跨学科教学技能竞赛”等内容，优化教师知识结构和专业能力，提升综合素质。

中学“五育”特色教育体系是推进中学育人方式改革的重要抓手，能有效促进学生从知识习得向知识应用发展，从低阶思维向高阶思维发展，从四基四能向核心素养发展。培养出既有知识广度，又有学习深度；既能跨学科思考，又能解决问题；既开放协作，又善于自我突破的全面发展人才。同时在新时代的背景下，推进中学“五育”特色教育体系需要结合新兴技术，通过实现教育数字化转型，让新技术赋予教育改革新的活力。

本章参考文献

[1] 李政涛，文娟．“五育融合”与新时代“教育新体系”的构建[J].中国电化教育，2020(3)：7-16.

[2] 宁本涛．“五育融合”与中国基础教育生态重建[J].中国电化教育，2020(5)：1-5.

[3] 顾明远.教育大辞典[M].上海:上海教育出版社，1998：28.

[4] 李克勤.德育活动与心理健康教育活动相互渗透的点滴探索[J].人民教育，2020（21）：72-73.

[5] 孙俊三，雷小波.教育原理[M].长沙：湖南教育出版社，2007:130.

[6] 苏圣奎，陈清华．基于创新人才培养的中学数学建模课程体系构建[J]．人民教育，2021（7）:55-58.

[7] 颜叶芳.德智体美劳“五育”：从分裂到融合：以高校课堂教学为例[D].湖南师范大学，2019：7.

[8] 刘丽红，曲霞.论高校创新创业教育与劳动教育的同构共生[J]. 中国青年社会科学，2020（1）：103.

[9] 欧阳玲.提升高中生生涯规划能力的有效途径[J].人民教育，2020（10）：56-59.

[10] 单志艳. 家校社合作育人协同机制初探[J].少年儿童研究，2021(02)：66-72.

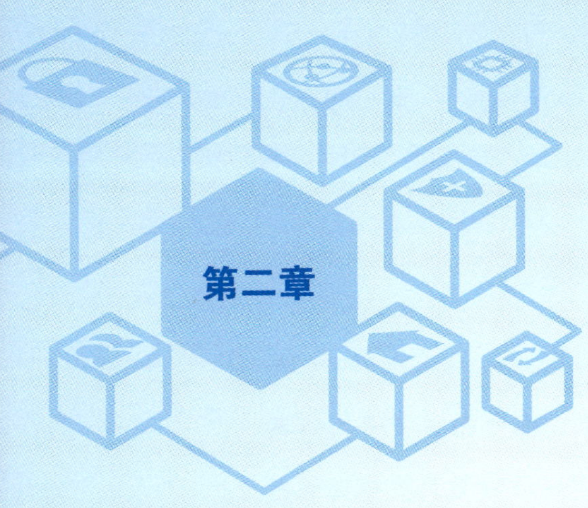

第二章

教育数字化转型[1]

1　本章作者为张禾佳、洪文兴，发表于《福建电脑》，2021年11月第11期，略有修改。

2021年7月教育部等六部发布《关于推进教育新型基础设施建设构建高质量教育支撑体系的指导意见》[2]（以下简称《意见》），《意见》以习近平新时代中国特色社会主义思想为指导，全面贯彻党的教育方针，落实立德树人根本任务，准确把握新发展阶段、贯彻新发展理念、构建新发展格局，以技术迭代、软硬兼备、数据驱动、协同融合、平台聚力、价值赋能为特征，加快推进教育新基建。以教育新基建壮大新动能、创造新供给、服务新需求，促进线上线下教育融合发展，推动教育数字转型、智能升级、融合创新，支撑教育高质量发展。《意见》指出深入应用5G、人工智能、大数据、云计算、区块链等新一代信息技术，充分发挥数据作为新型生产要素的作用，推动教育数字转型。

2 http://www.moe.gov.cn/srcsite/A16/s3342/202107/t20210720_545783.html

2.1 教育与时代共同发展

在农耕时代的原始社会，教育是一种自然教育，基于生产活动、社会生活的需要而产生。教育内容简单，围绕生产需求开展。例如，伏羲氏教民结网捕鱼、神农氏教民耕作等。而教学手段也比较单一，无明确教学概念，以模仿学习为主。这样的教育现在也还是存在的——传统技术、工匠精神还在以师徒制不断传承。到了奴隶社会，教育的内容就有了极严格的限制，比如礼、乐、射、御、书、数，均是所谓贵族子弟要做的事情。一直到了私学的出现，才使得平民老百姓有了读书的机会，官学与私学并重，形成了中国古代教育的双轨制。再到工业化时代，工业化生产模式需要大量的有一定文化知识的生产工人，这就催生了规模化培养人才的学校。学校的模式映射了工业化集中物流的经济批量模式：铃声、班级、标准化的课堂、统一的教材、按照时间编排的流水线场景，这种教育为工业时代的标准化培养了可用的人才。

随着信息技术的发展及其在教育中的应用，教育将从内容、形式、方法和组织等方面发生根本性的变革。信息时代要求有计划有步骤地轮训全体教师、在中小学开设信息理论与信息技术基础课、充分鼓励中小学学生参加本校的教育信息化建设、信息技术基础教育应与指导学生进行有效学习相结合。树立现代教育思想、改革教育目标和内容、改革教育形式和方法以及构建新型教学模式是新时代信息技术对教育的影响表现形式。随着网络技术、通信技术的快速发展，互联网络在我国日益普及，人们在尝试网络通信的同时，也把互联网技术应用于教育实践，出现了开放性、协作型、交互性、共享性、实时性、个别化的网络教学模式。

教育不仅仅是时代的产物，同时还推动时代的发展，时代始终在赋予教育新的内涵——从农耕时代、工业时代、信息时代再到现在所处的智能时代都是如此。那智能时代又要怎么进行定义呢？

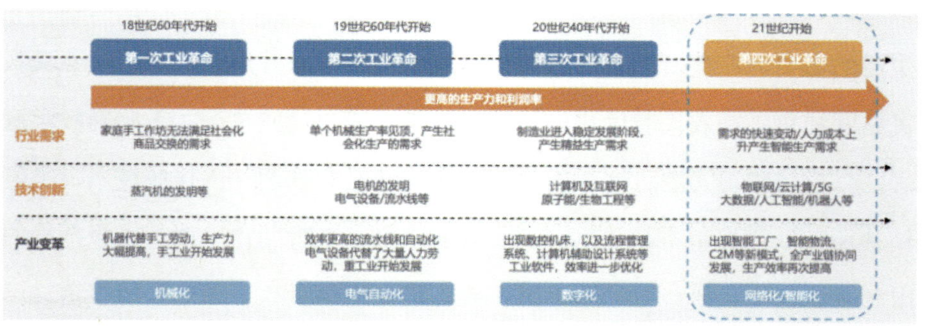

图2-1 四次工业革命

产业革命是推动社会发展的最重要力量。18世纪60年代我们引入了机器，机器极大地释放了生产力，也就是说把手工劳动释放出来。一百年后第二次产业革命引入了电，电气革命使得生产力与流水线运行效率有了极大的提高。再过了50年迎来了信息革命，前面三次产业革命之间大概都间隔了100年，但是在进入信息革命时代以后，新的技术层出不穷。换句话来讲，今天没有谁可以很明确地定义第四次工业革命、第五次工业革命到底是什么，所以从这以后，我们都把它称为新工业革命——新工业革命一般指第四次及即将到来的工业革命，目前正在发生的第四次、第五次工业革命交错进行，周期大大缩短，以新一代信息技术为代表的科技驱动力快速迭代。

当前，人工智能、大数据、物联网、5G等新一代信息技术的崛起正在重塑我们的世界，潜移默化间，数字化转型给人们的生产、生活以及学习方式带来了深刻的影响。教育作为国之根本，自然也要紧跟趋势，特别是新冠疫情常态化的背景下，教育行业迎来了一场前所未有的数字化革命，促进教育行业驶入数字化转型的快车道。

2.2 从数字化、网络化到智能化

从语言、文字、印刷术、无线电、电视机到互联网，人类经历了多次信息技术革命。随着5G时代的到来，以人工智能、大数据、云计算、物联网、VR、区块链等为代表的智能技术，正在推动整个社会转型，人类社会将迎来人机协同、跨界融合、共创分享的智能时代。智能教育作为未来教育的基本特征正逐渐形成共识，智慧教育新生态正在逐渐形成，教育信息化2.0已升级完成。

习近平总书记在2018年两院院士大会的重要讲话中指出："世界正在进入以信息产业为主导的经济发展时期。我们要把握数字化、网络化、智能化融合发展的契机，以信息化、智能化为杠杆培育新动能。"2019年5月26日，习近平总书记在向2019中国国际大数据产业博览会致的贺信中指出："当前，以互联网、大数据、人工智能为代表的新一代信息技术蓬勃发展，对各国经济发展、社会进步、人民生活带来重大而深远的影响。各国需要加强合作，深化交流，共同把握好数字化、网络化、智能化发展机遇，处理好大数据发展在法律、安全、政府治理等方面的挑战。"

2021年3月教育部印发《关于加强新时代教育管理信息化工作的通知》，要求加强教育管理信息化统筹协调，优化信息系统供给模式，提高教育数据管理水平，促进管理服务流程再造，提高基础设施支撑能力，以信息化支撑教育治理体系和治理能力现代化。《关于加强新时代教育管理信息化工作的通知》指出，要利用新一代信息技术提升教育管理数字化、网络化、智能化水平，推动教育决策由经验驱动向数据驱动转变、教育管理由单向管理向协同治理转变、教育服务由被动响应向主动服务转变。到2025年，基本形成新时代教育管理信息化制度体系，信息系统实现优化整合，一体化水平大幅提升，数据孤岛得以打通，多元参与的应用生态基本建立，教育决策科学化、管理精准化、服务个性化水平全面提升。

从技术属性看，教育信息化的基本特征是数字化、网络化、智能化和多媒化。数字化使得教育信息技术系统的设备简单、性能可靠和标准统一，网络化使得信息资源可共享、活动时空少限制、人际合作易实现，智能化使得系统能够做到教学行为人性化、人机通讯自然化、繁杂任务代理化，多媒化使得信媒设备一体化、信息表征多元化、复杂现象虚拟化。

数字化为信息化奠定基础。数字化本身指的是信息表示方式与处理方式，但本质上强调的是信息应用的计算机化和自动化。大数据是社会经济、现实世界、管理决策等的片段记录，其中包含碎片化的信息。教育数字化的主要方式是利用不断发展的数据分析技术，解读从现实世界采集到的教育实体信息，并加以研究利用，转化为虚拟的可用数据，使得大数据改变了教育的思维方式和教学方式。

网络化为信息传播提供物理载体。通信技术和计算机技术使得处于不同地点的终端用户可以实现交互，共享软件、硬件和数据资源。通过互联网和物联网的共同作用，实现了人、物、服务之间实时的交叉互联。网络化改变了传统的教学方式，打破了时间和空间的限制，师生交互不仅可以在物理空间，还可以迁移到虚拟空间，实现学生线上线下虚实融合的分布式学习。

数字化和网络化其实是一个基础建设的阶段，智能化则是一个搜集、分析、决策的过程。智能化定义为使对象具备灵敏准确的感知功能、正确的思维与判断功能、自适应的学习功能等。当拥有足够的基础资源、设施、空间，又能够精准分析出每个学习者的状态时，个性化学习的发展才能够得到支持。因此，教育智能化是运用人工智能技术，结合全过程大数据以机器学习等算法模型进行分析、模拟、预测和判断，构建自适应学习环境，形成人机耦合的教学生态，发现学习发生机理，为学习者创造新型学习条件，促进现代化教育智能治理。

随着数字化、网络化到智能化的发展，通信技术与智能技术融合发展，为教育信息化提供了优质的发展环境和发展潜质，推动着教育生态的变革，教育信息化正在从“互联网+教育”向“智能+教育”转变。5G通讯技术为人工智能、大数据、云计算、物联网、VR、区块链等技术的融合提供支撑，为智慧教育环境的构建、新型教育和教学模式的实施创造基础通讯条件。新一代智能技术与教育的融合发展，将促进教育硬件和软件的升级，推动物理和虚拟学习环境的融合，让个性化、情景化、数据驱动的学习成为常态，从而建立人机融合的智慧教育新生态。

2.3 大数据开启教育新时代

《2019中国大数据产业发展白皮书》明确指出，基于生产生活中的海量数据资源，整个经济社会的数字化水平将遵循“数据化、信息化、数字化、智能化”的演进路线持续升级。教育产业也不例外，大数据时代的到来改变了传统教育数据应用的范式。大数据技术对于教育的重要价值在于实现了大量教育数据的采集、处理和分析，并针对分析结果对教育方式、教育决策等进行合理调整。“数据驱动学校，分析改革教育”已经成为教育改革和发展的共识[5]。全面掌握教育数据，挖掘教育数据的潜在价值，发展教育大数据成为提升教育质量、推动教育变革的必然选择。

大数据促进个性化学习。传统教育体系缺乏获取和分析信息的手段和方法，数据只能在周期性和阶段性的评估中获得，只能体现宏观层面的教育情况，凸显群体水平，而缺乏对个体特点和差异性的了解。在大数据时代，在教育过程中产生的数据都可以转换为教育大数据。与传统体系不同的是，这样的数据侧重于过程性，过程性数据完全可以体现个性化表现特征。通过对学习者学习背景和过程相关的各种数据测量、收集和分析，从学生相关的海量过程性数据中归纳分析出各个学生个体的学习行为——精细刻画学生特点、洞察学生学习需求、引导学生学习过程、诊断学生学习结果，进而为其提供个性化的学习支持，真正实现从群体教育的方式转换为个体教育。

大数据实现差异化教学。通过对教育大数据的采集、处理和分析，构建学习者学习行为相关模型，分析学习者学习行为，并对其未来的学习趋势进行科学预测。教师可以全面跟踪和掌握这些学生特点、学习行为、学习过程以及学习趋势，进而根据不同学生的学习需求、学习风格、学习态度以及学习模式来提供不同的学习内容和学习指导，促进其个性化发展。在大数据的支撑下，学校教育不再是传统的统一标准和程序，教师由教学者逐渐变为助学者。以教师为中心、知识灌输为主的教学模式将转变为以学生为中心、以能力提升为核心的差异化教学模式。

大数据优化管理决策。学校管理离不开信息，学校是培养各类专门人才、传授知识和创造知识的场所，每天进行着各种教学、科研以及管理活动，蕴含着十分丰富的信息资源。学校管理中的各种决策和控制活动，如学生培养计划的确定、老师教学安排的确定、教学质量评估、人员管理等等，都是以大量的数据为基础并不断产生新数据的过程，因此数据的处理和挖掘对于学校管理具有关键的作用。传统教育环境下，教育管理部门或决策制定者依据的一般是静态的、局限的、滞后的，或是过滤加工后的数据，大数据技术则突破了小样本和个案研究，在教育大数据技术的驱动之下，能够在过程中动态地、全面地、实时地收集最真实的数据；同时，针对重要管理对象的数据，可以由多个源头从不同方向对同一个对象进行数据记录，数据之间可以相互印证。由此，可以更加快速且正确地找到影响因素和干预策略，发现一些因为数据缺陷而被隐蔽的教育新规律。教育管理者充分了解教育系统的规律和特征，评估教育发展的进程，教育环境的设计、教育时空的变化、教育场景的变革等各种决策和行为将基于数据分析得出，为学习者找到真正适切的课程、课堂、教师、校园。

大数据推进教育智能化。人工智能已经影响到社会生活的方方面面，教育领域也不例外。2019年政府工作报告明确指出，要促进深化大数据、人工智能等研发应用，培育新兴产业集群，壮大数字经济。相关数据显示，2018年中国数字经济规模达31.3万亿元。而2019年以来，随着大数据技术和应用的持续爆发，在5G和物联网等技术日趋成熟的背景下，围绕大数据展开的教育智能化进程加快。大数据可以采集分析管理者、家长、教师、学生的各方面行为数据，全面提升服务质量，为学习者、教师、家长等提供更好的服务。对教育大数据的全面收集、准确分析、合理利用，已成为学校提升服务能力，形成用数据说话、用数据决策、用数据管理，利用数据开展精准服务的驱动力。

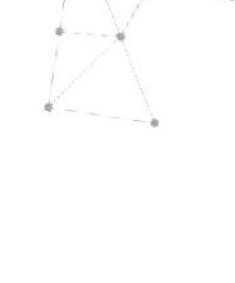

2.4 区块链助力教育体系变革

2016年10月，工信部颁布《中国区块链技术和应用发展白皮书》，指出“区块链系统的透明化、数据不可篡改等特征，完全适用于学生征信管理、升学就业、学术、资质证明、产学合作等方面，对教育就业的健康发展具有重要的价值”。“互联网+教育”是全球教育发展与变革的大趋势，而区块链技术有望在互联网+教育生态的构建上发挥重要作用。

建立个体学信大数据，架起产学合作新桥梁。区块链技术具有分布式学习记录与存储的功能，允许任何教育机构和学习组织跨系统和跨平台地记录学习行为和学习结果，并永久地保存在云服务器，形成个体学信大数据，有助于解决当前教育领域存在的信用体系缺失和教育就业中学校与企业相脱离等实际问题。升学院校与用人单位可以通过合法渠道合理获取学生的任何学习证据数据，用于评估该学生的各项升学条件指标与岗位间的匹配程度。

开发学位证书系统，解决学历造假难题。传统的基于权威中心的学历认证、学位认证流程烦琐、时间漫长、成本高，且存在一定的信用风险。而区块链作为一种使数据库安全而不需要第三方机构授信的解决方案，是分布式数据存储、点对点传输、共识机制、加密算法等计算机的新型应用模式。研究基于区块链的学历、学位认证模式，有助于实现学历、学位认证的流程的简化、成本的降低并杜绝信用风险。基于区块链的学历、学位认证，在技术、经济、管理方面均具有可行性，其社会经济意义巨大。

去中心化教育系统，推动教育公平。当前教育系统的高度中心化和集权化主要体现在教育体制的中心化上。教育体制是教育机构和教育规范两个要素的结合体，其中教育机构是载体，包括实施机构和管理机构；教育规范是核心，即维护机构正常运转的制度。现阶段的教育体系仍以正规教育为主导，由政府机构或学校提供教育服务并进行认证，个人对某一特定学科的精通程度，仍需由受认可的大学颁发文凭或证书来证明，导致教育的管理权被学校和政府所垄断。利用区块链技术开发去中心化教育系统，有助于打破教育权利被学校或政府机构垄断的局面，使教育走向全面开放，形成全民参与、协同建设的一体化教育系统。未来，除了政府机构批准的学校、培训单位等教育机构具有提供教育服务的资质外，将有更多的机构、甚至个体承担专业教育服务提供商的角色，并且基于区块链的开源、透明、不可篡改等特性能保证其教育过程与结果的真实可信。

教育信息化是全球教育发展与变革的大趋势，区块链技术有望在“互联网+教育”生态的构建上进一步发挥独特作用。

2.5 智能普及构建智慧教育新生态

时代的发展使得我们重新审视教育情况，新兴技术的出现使我们的工作更加高效便利。语音技术用于语音的识别和合成；机器视觉技术可以实现人脸识别、目标识别、动作识别、行为识别以及情感识别；自然语言处理可以完成机器阅读、语义理解、机器翻译、文本生成；还有机器人技术、推荐技术；等等。针对不同的主体，智能技术也有着多样丰富的应用形态。以教育机构为主体，其主要工作任务是教务工作、人事行政、学校管理，从而衍生出来的就有智能图书馆、考勤工作系统、校园安防、智能分班排课等产品形态；以教师为主体，其主要工作任务围绕教研、教学、测评和管理展开，因此智能批改作业、习题推荐、教育机器人等产品形态应运而生；以学生为主体则主要是课堂任务和课后任务，拍照搜题已经是现下应用最广的产品形态。

从计算机时代的校园信息化建设阶段，到互联网时代的数字校园建设阶段，智慧校园从分散业务点的信息化建设发展成了以管理为中心的应用整合。随着信息技术高速发展，“智能+”的时代到来了。智慧校园建设阶段以移动互联、物联网、大数据、人工智能、区块链等技术为基础，以人为本，连接所有服务智能化管理决策所涉及的人、物、财等。智慧校园的建设是教育信息化的重要组成部分，也是衡量教育现代化程度的重要标志。当下，我国教育信息化处于深度融合发展阶段，教育信息化将作为教育系统性革新的内生变量，支撑引领教育现代化开展，推进教育理念更新、形式革新、系统重构。这样有利的宏观政策环境，为智慧校园的成长提供了发展的土壤。后疫情时代，如何推动信息化教育持续深入发展，是教育系统和全社会高度关切的问题。

为推动校园教育信息化可持续发展，智慧校园的建设遵照国家"十三五"教育信息化规划提出的"服务全局、融合创新、深化应用、完善机制"的原则与思路，以事务为驱动，注重师生教学、科研、管理、生活服务的个性化，提升校园教育教学的智慧化。智慧校园是一种将人的因素、设备的因素、环境及资源的因素以及社会性因素，在信息化背景下有机整合的一种独特的校园系统。它以物联网技术为基础，以信息的相关性为核心，通过多平台的信息传递手段提供及时的双向交流平台，并在此基础上结合网络、技术、服务的智能综合信息服务，全方位地实施教育信息化。其内涵简单地说就是助力构建更智能的学校。从技术层面上看，智慧校园就是以各种信息化技术，包括感知、智能、挖掘、控制等技术为手段，在安全监控、平安校园网络管理系统建设、智能化学习系统、自助图书网络管理系统等方面，构建具有感知全面、响应及时、智能综合、随需应变、高效运行等特质的学校。校园大脑应运而生，校园大脑是校园的人工智能枢纽，以物联网、云计算、大数据分析等新技术为核心技术，通过感知、采集、整合、分析和展示，用校园中多种异构大数据，形成校园工作、学习和生活的一体化环境，这个一体化环境以各种应用服务系统为载体，将教学、科研、管理和校园生活进行充分融合，再通过大数据技术和人工智能技术，为校园管理和决策提供数据决策支持和智能支撑，来解决校园在人才培养、科学技术研究与转化、学生成长、校园环境、心理、生活工作环境等所面临的问题和挑战。

智慧校园梳理新的教育和工作业务及事务流程，提高管理效率与效益。智慧校园将先进的信息技术引入教学、科研、管理和服务等各项活动中，运用现代信息技术及时处理大量的管理数据，提高了教、学、管的质量和效率。呈现出与传统教育不同的教学结构、工作方式、生活方式、校园形态、校园文化、管理模式和决策支持。同时，智慧校园的特点还体现个性化、公开、公平、高效、整合的服务。

智慧校园建设解决信息孤岛问题，整合数据标准，实现数据之间共享。智慧校园将信息技术融于教育的各个环节，所有部门的信息编码统一，使学校的所有信息能够实时自动地互连互通，资源得到充分的共享和利用，保证了异构数据库间的数据交换，有效地实现数据共享，消除对数据的重复管理、数据冗余以及数据不同步的问题。

智慧校园以事务流程为导向的办公方式提高工作效率方便广大师生。通过智慧校园的建设，引进了以事务流程为导向的办公方式，大大地提高学校各个职能部门的办事效率和工作效能。只要在学校的信息化平台中就可以完成需要办理的事情，从而可以让学校的各个岗位的人员有充足的时间处理本部门的其他事情，为学校节省更多人力资源成本。

智慧校园实现本校教学资源库建设，跨地域远程教学与管理。智慧校园建设以信息资源与信息服务为核心内容，实现智慧的学习、教学、科研和管理，创建虚拟学校空间和智慧化的生活空间，实现教学与管理的网络化、远程化、智能化，拓展了学校的概念，为学校的跨地域传播知识和远程业务管理提供了坚实的基础保障。

智慧校园建设领导管理决策智慧化，提高管理决策的科学化水平。通过对各种各类数据的多维度挖掘分析，为决策者提供相应的智能分析数据，便于明确决策目标，论证决策的必要性和可行性，为正确决策提供必要支持，进一步体现决策的科学化和透明化。

综合来说，《中国教育现代化2035》确立下一阶段发展目标，到我国2035年总体实现教育现代化，这是智慧与智能时代的教育现代化，也是人类历史上的第二次教育现代化。《中国教育现代化2035》作为我国第一个以教育现代化为主题的中长期战略规划，是教育信息化继往开来的战略性政策文件，凸显出2035年教育信息化趋向智能化与人本化的发展主题。从表面上看是新一代信息技术取代传统技术、将先进技术用于教学，但更深层次上来说是新一代信息技术的渗入重塑了一个全新的教育生态系统。未来以智能化为特征的教育信息化是解决问题和揭示事物的重要方式，在互联网、大数据、云计算、区块链和人工智能所创设的新型智能教育生态系统中，优质数字教育资源获取便捷化、在线学习平台定制化、教学评价科学化、教学形式多样化，实现了新一代信息技术对教育越来越精准的判断与服务。新一代信息技术不仅服务教育，更在服务中改变教育主体的外部行为与内在思维，使得教育活动自然而然地接受智能技术与智能思维，并与外部智能环境融于一体，由智能化打造全新的教育活动生态系统。

无论是智能化还是人本化，教育信息化的发展始终要把握“教育性”这一本质，不忘育人为本的初心。新一代信息技术的运用、反思都是教育发展与人才培养的重要方式。智能化与人本化两者终将殊途同归，共同服务2035年教育信息化建设与教育改革创新。面向2035年，新一代信息技术支撑下的教育变革将呈现智慧化校园环境、科学化教学管理、人本化教育服务和个性化人才培养的发展图景。

本章参考文献

[1] 庄榕霞，杨俊锋，黄荣怀.5G时代教育面临的新机遇新挑战[J].中国电化教育，2020(12):1-8.

[2] 李爽，林君芬. “互联网+教学” :教学范式的结构化变革[J].中国电化教育，2018(10):31-39.

[3] 黄荣怀，等.面向智能教育的三个基本计算问题[J].开放教育研究，2019,25(05):11-12.

[4] 杨晓哲，任友群.教育人工智能的下一步——应用场景与推进策略[J].中国电化教育，2021(01):89-95.

[5] 马廷奇，赵文君.临场、在场与转场：高等教育在线教学模式的实践与变革[J].天津大学学报（社会科学版），2021，23(01):43-49.

[6] 何克抗.21世纪以来的新兴信息技术对教育深化改革的重大影响[J].电化教育研究，2019,40(3):5-12.

[7] 孙立会，刘思远，李芒.面向2035的中国教育信息化发展图景——基于《中国教育现代化2035》的描绘[J].中国电化教育，2019(08):1-8+43.

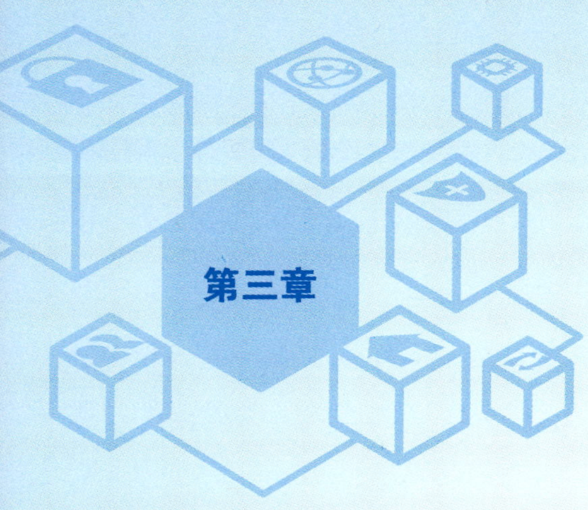

区块链技术推动教育领域变革[1]

1 本章作者为尤锦杰、洪文兴，部分内容发表于《厦门科技》，2021年05期，略有修改。

随着近年来区块链技术的不断革新，对于区块链技术应用的探索也从没有停止。在本章中第一部分我们将重点介绍区块链概念，从区块链基本介绍开始，探寻区块链技术发展的历程，介绍区块链系统的分类。第二部分中我们重点介绍区块链核心技术，解释为什么区块链如今具有那么大的应用潜力。第三部分我们介绍常见的几种区块链系统，最后我们将常见系统进行对比并分析各自的优缺点。第四部分，结合案例，讨论区块链在教育领域中的应用优势以及介绍几大应用场景。

3.1 区块链技术概述

从2009年比特币系统运行至今，对于比特币的争议一直不断。随着比特币的流行，其背后的区块链技术也得到广泛关注，并自2014年起引发分布式账本技术的不断革新。那么到底什么才是区块链？在本小节我们将会对区块链技术原理进行简介并做一些讨论。

3.1.1 区块链的概念

2008年，中本聪发表了《比特币：一种点对点的电子现金系统》一文，象征着比特币的诞生。比特币是基于加密技术、时间戳技术、P2P网络技术等技术创新融合的架构理念，而区块链技术正是其背后的一项重要基础网络设施。自此，区块链这一种具有能在不可信环境下创建起信任网络，串联各个节点进行高效协作的技术，渐渐影响着人们的思考方式。

那么到底什么是区块链呢？根据中国信息通信研究院发布的《区块链白皮书（2019年）》的解释是，区块链（Blockchain）是一种由多方共同维护，使用密码学保证传输和访问安全，能够实现数据一致存储、难以篡改、防止抵赖的记账技术，也称为分布式账本技术（Distributed Ledger Technology）。典型的区块链以块-链结构存储数据。作为一种在不可信的竞争环境中低成本建立信任的新型计算范式和协作模式，区块链凭借其独有的信任建立机制，正在改变诸多行业的应用场景和运行规则，是未来发

展数字经济、构建新型信任体系不可或缺的技术之一。

通俗来说，如图3-1所示区块链的数据结构是由以区块为数据存储单位，并利用哈希值相互连接的链式结构。“区块”与“链”构成了区块链的账本，账本作为区块链的核心，聚集了所有交易相关信息，其他相关技术均是围绕着账本的功能（例如可溯源、各节点账本同步等需求）来拓展的。“交易”也是区块链的基本概念之一，被网络所接受的操作就会导致账本状态的一次改变，是账本更新的手段。

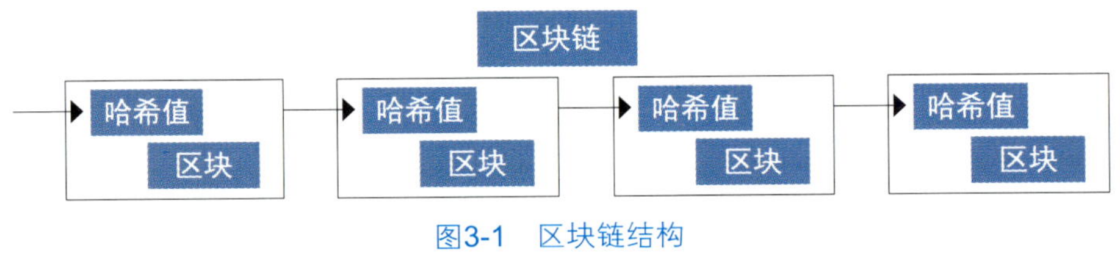

图3-1 区块链结构

区块链具有以下特点：去中心化，区块链中每个节点都是平等的，各个节点不再需要统一的中央处理节点，节点自主实现数据的分布式存储、记录和更新，对于数据与业务执行的权力都是相等的。不可篡改，区块链中数据以链式结构连接，并遵循独有的新区块生成规则，相邻区块紧密连接，一旦上一个区块的任何信息发生变化，就和本区块原来的哈希值不一致了，不会被下一个区块认可。透明开放，各节点都拥有区块链网络上完整的账本拷贝，也就是说链上数据记录对于参与的成员都是透明开放的，因此任何对数据的修改操作都将以区块形式追加并对所有人可见。

3.1.2 区块链技术发展

（1）起源

2008年，中本聪发表了《比特币：一种点对点的电子现金系统》，提出了新型数字货币比特币，将PoW 与共识机制结合在一起。比特币网络无需任何管理机构，自身通过数学和密码学原理确保了所有交易的成功进行，比特币背后网络的计算力为其价值背书 。可以说，比特币的出现促进了人们在信息时代中，对于信任以及价值的思考。

（2）区块链1.0

2009年，比特币上线并公开源码，实现文章中所提到的分布式、不可篡改、预防双花攻击等，同时由于源码的公开，涌现出一大批基于比特币，被称为“山寨币”的虚拟货币。“比特币系”的这些数字货币，被称为区块链1.0，其仍是以比特币为核心，对区块链技术改动并不大，主要应用场景集中在数字货币发行。

（3）区块链2.0

2014 年，以太坊项目开始众筹计划，到2015年7月，以太坊区块链网络正式上线。以太坊的目标是打造一个运行智能合约的去中心化平台，在区块链1.0的基础上引入了智能合约这一创新点，以太坊平台上也因此诞生了各种基于智能合约的商业应用，被认为是区块链2.0。智能合约的逻辑公开透明，当满足智能合约条件后，能够保证约定的结果正确执行，依托着区块链的可信网络，智能合约潜力无限。各大商业公司也纷纷加入区块链技术研究，试图依托区块链来建设新一代开放多维的商业网络，这也促进了区块链向企业商业架构转变。自此区块链技术脱离比特币，在金融、贸易、征信、医疗等领域得到广泛关注。

（4）区块链3.0

2015年12月，Hyperledger项目成立，项目力求成为区块链技术的商用标准，打造透明、公开、去中心化的开源分布式账本项目，创建富有活力的区块链开源社区，吸引更多区块链人才以及对分布式账本感兴趣的人加

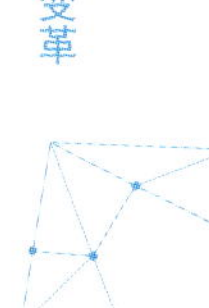

入，从而带动区块链技术的发展，保持技术的活力与生命力。Hyperledger继承了以比特币为代表的区块链1.0、以以太坊为代表的区块链2.0中的分布式以及不可篡改、多方协作、智能合约等概念，同时创新实现了访问隔离、权限控制、安全保障、一致性算法等功能。因此Hyperledger项目成为区块链3.0的代表，区块链上的成员、结构部件都需要“许可”，保持区块链信任网络的特质的同时也提高区块链的效率，至此区块链技术不再是仅面向“社会实验”性质的应用场景，而是具有了被主流机构与企业市场所认可的企业级架构。

（5）国内区块链重要节点

2019年10月24日下午，中共中央政治局就区块链技术发展现状和趋势进行第十八次集体学习。中共中央总书记习近平在主持学习时强调，区块链技术的集成应用在新的技术革新和产业变革中起着重要作用。我们要把区块链作为核心技术自主创新的重要突破口，明确主攻方向，加大投入力度，着力攻克一批关键核心技术，加快推动区块链技术和产业创新发展。习近平总书记的讲话意味着：在未来，区块链技术将成为中国大力发展的战略技术之一，在国内也将出现许多以区块链为基础的项目，改变现有的信任创建体系。我们有理由相信区块链将会成为未来中国一项关键的基础网络设施。

3.1.3 区块链分类

（1）公有链

公有链指任何人都可以设立一个节点参与公有链网络，任何人都可以通过节点在网络上进行交易、读写以及共识等操作，参与的节点在区块链上都是平等的。公有链有完全分布式的、数据公开、便于推广的优点，但是依赖于有效的共识协议保证网络的安全。

（2）**私有链**

私有链是指区块链权限仅掌握在一个组织手中，只有内部人员可以使用，信息并不公开，私有链一般用于企业内数据管理或者审计工作。

（3）**联盟链**

联盟链也被称为许可链，其关键概念在于区块链上的结构组件、成员都需要获得许可才能参与区块链。联盟链一般由有共同利益的联盟成员组成。

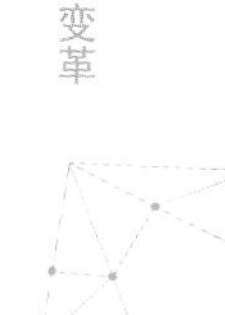

3.2 区块链核心技术介绍

3.2.1 共识协议

区块链的核心技术之一是共识协议，共识即如何在分布式网络间达成一致性。随着区块链技术的快速发展，从经典分布式系统到新设计的区块链系统，区块链共识也得到了不断的更新迭代。同时共识协议也很大程度上影响着区块链的性能，共识协议的改进是区块链未来提高性能以及可扩展性的努力方向。本节中我们将对区块链共识协议进行系统的介绍。

（1）基本概念

共识协议使得分布式节点网络就某些输入的总顺序达成一致的值。在区块链背景下，共识有助于区块链网络上的各个节点对接受或拒绝一项交易达成一致，并决定着交易的顺序。交易指定了区块链状态的转换，如果交易通过有效性和交易验证检查，交易将被添加到候选区块中并被添加到区块链上。

共识领导、即共识协议可能要求有与其他节点协调达成共识的领导节点。通常规定领导者的生命周期，如果周期结束或出现故障，将会选取新的领导者。

（2）基于工作量证明的共识协议

工作量证明（PoW）共识协议依赖于一个计算难题来选举写入区块链

的领导者，解决计算难题需要大量的计算工作。最早工作量证明被提出用于过滤垃圾邮件，PoW算法也是唯一被成功验证其可用性的公链算法，其算法安全性最高。

中本聪共识是比特币上所使用的共识，在2008年由化名中本聪的作者提出。该共识关键在于创新使用了工作量证明共识在一个开放、无许可的网络中抵御女巫攻击，结合不同规则在区块链出现分叉时进行选择并达成共识。

中本聪共识是一种去中心化的自发共识机制。这种自发是指没有经过明确选举或者没有固定达成共识的时间。换句话说，共识是数以千计的独立节点遵守了简单的规则通过异步交互自发形成的产物。所有的比特币属性，包括货币、交易、支付以及不依靠中心机构和信任的安全模型等都是这个机制的衍生物。比特币的去中心化共识由所有网络节点的4种独立过程相互作用而产生：a) 每个全节点依据综合标准对每个交易进行独立验证。b) 通过完成工作量证明算法的验算，挖矿节点将交易记录独立打包进新区块。c) 每个节点独立地对新区块链进行校验并组装进区块链。d) 每个节点对区块链进行独立选择，在工作量证明机制下选择累计工作量最大的区块链。

在比特币中求解计算难题被称为“挖矿”，挖矿就是重复计算区块头的哈希值，不断修改该参数，直到与哈希值匹配的一个过程。哈希函数的结果无法提前得知，也没有能得到一个特定哈希值的模式。哈希函数的这个特性意味着：得到哈希值的唯一方法是不断地尝试，每次随机修改输入，直到出现适当的哈希值。

“挖矿”这个词有一定的误导性。它容易引起对贵重金属采矿的联想，从而使我们的注意力都集中在每个新区块产生的奖励上。尽管挖矿带来的奖励是一种激励，但它最主要的目的并不是奖励本身或者新币的产生。如

果只把挖矿看作生产新币的过程，这是把手段（激励措施）当成目的。挖矿其实是一种将结算所去中心化的过程，每个结算所对处理的交易进行验证和结算。挖矿保护了比特币系统的安全，并且实现了在没有中心机构的情况下，也能使整个比特币网络达成共识的目标。

（3）基于X证明的共识协议

上面提到的工作量证明共识协议最大的缺陷在于，其对于计算资源的需求太大，往往会造成大量资源的浪费，同时网络达成共识的效率很低，例如比特币网络一般10分钟才会产生一个区块。这些限制促进了新的共识协议产生，基于X证明的工作协议，降低对计算资源的需求甚至是删除了计算工作。主要的共识协议有基于权益、空间、时间的共识协议。

基于权益的共识协议（Proof-of-Stake），参与者通过货币数量或在区块链中持有的股权数量证明，获得对新区块的投票权。PoS算法必须定义下一个有效区块生成的方式，不能仅仅考虑账户币数，这样会容易造成财富向少数人聚集的现象。经过不断的改进，诞生了基于代理人机制的PoS算法（Delegated Proof-of-Stake），DPoS算法可以让每一个持有币的人进行投票，产生n位代表，n个代表节点权力完全相等，负责块的生成，各节点会按照预设的顺序协同出块。DPoS算法相比于原先的共识算法，大大提高了系统处理交易的效率，大幅缩短了打包区块的时间。

基于空间的共识协议（Proof-of-Stake），参与者通过提供其分配大量空间进行存储的能力，获得对加权的新区块的投票权，可以发现基于空间的共识协议将存储作为投入的资源，以此避免了资源的集中化，提高公平性。

基于时间的共识协议（Proof-of-Time），参与者用经过时间证明来替代计算工作。网络参与节点必须等待一个随机选取的时期，首个完成等待时间的节点将获得一个新区块，这种共识协议通过控制代价实现共识过程，其代价依然与从过程中获得的价值成正比。

（4）无代币的共识协议

实用拜占庭容错，该协议被Hyperledger Fabric采用，其优点是高交易量和吞吐量，不足之处在于其并不适合公链场景，而是适合应用于私链或许可链中。Raft协议是一种可信环境分布式一致性算法。协议通过选取领导者实现共识，在Raft集群中，一个节点可以是领导者、追随者以及候选者状态，通过不同状态执行不同的动作，实现逻辑分离，确保了集群中的每个节点在同一组状态转移下取得一致。

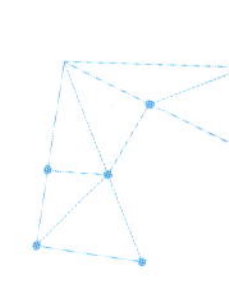

3.2.2 智能合约

智能合约是区块链2.0以及3.0中的一项重要概念，是区块链被认为具有扩展应用领域潜力的主要原由。随着区块链技术的不断发展，大部分公链或者联盟链都支持智能合约，也有越来越多图灵完备语言被允许用于开发智能合约。

智能合约即以计算机程序的方式缔结以及运行各种契约，但一直缺乏可信赖环境来部署执行。区块链技术的出现，使得在大规模不可信环境下产生信任并进行协作成为可能，智能合约也得到了飞速发展。从区块链应用程序的角度来说，智能合约应该算作区块链上通过交易激活的应用程序，通过外部调用执行一段代码，并能够通过区块链多个节点间共识来保证合约的完成。

智能合约随着区块链的发展也在不断演变，早在比特币时期就有比特币脚本用于验证交易的合法性，但当时只能算是辅助比特币交易执行的小脚本，还算不上智能合约。比特币脚本用一种基于栈的语言，仅仅支持顺序执行，不支持递归、循环操作，属于非图灵完备的脚本语言。采用非图灵完备的语言主要是因为本身顺序执行已经可以满足脚本操作的需求，同时禁止递归以及循环操作，也能保护比特币系统的安全。

进入区块链2.0时代，以太坊正式提出了在区块链上使用智能合约，以太坊虚拟机EVM提高了智能合约运行环境，采用沙盒将代码运行环境进行隔离，在EVM中运行的代码不能访问外部区块链网络、进程、存储。EVM也是基于栈设计，由于环境隔离EVM允许设计的程序有递归、循环操作，EVM智能合约的开发采用的是Solidity高级语言，借助Solidity编程人员可以在EVM上开发编写出可自我运行并实现预设商业逻辑的应用程序，程序结果将被区块链上的其他节点认可，具有权威性并且不可随意修改。不过EVM只支持Solidity语言进行开发，对于程序开发不够友好，开发者需要重新学习才能在以太坊上完成工作。

在区块链3.0时代，Fabric提出了链码以及背书策略的概念，它们允许架构师和智能合约开发人员定义在许可链网络中协作的不同组织之间的关键业务流程和数据共享流程。管理员通常使用链码将相关的智能合约组织起来进行部署，并且链码也可以用于Fabric的底层系统编程。许可链上智能合约用可执行的代码定义了不同组织之间的规则。应用程序调用智能合约来生成被记录到账本上的交易。我们可以发现使用区块链网络，可以将这些智能合约转换为可执行程序，从而实现各种各样的新可能性。对于许可链的应用程序分为两个部分：a)背书策略，验证阶段评估的背书策略，指定交易被接受需要的数字签名，不信任的开发人员不能选择或修改背书策略。定制背书策略可以实现任意逻辑，有效减少了提案的个数，防止恶意提案。b)链码，实现应用程序逻辑并在执行阶段运行的代码，链码运行在受控的沙盒环境下，可由不受信任开发人员编写，在链码中即包含着实现不同功能的智能合约，实现不同的事务。

3.2.3 隐私保护

比特币用户使用比特币公钥地址参与交易，每一名用户都可以拥有多个比特币地址。因此比特币交易具有匿名性，对于任何交易，无法确认交易双方的真实信息，同时地址也具有不关联性，给定任意两个地址，无法判断是否为同一用户所有。但随着比特币交易的增多，比特币并不能实现完全匿名，通过大量交易分析，仍然可以推断出用户的地址以及账户的关联性。在之后区块链的发展过程中也出现了许多密码学方案来改进区块链的隐私保护效果。

安全多方计算在多个参与方都拥有部分数据场景下，利用安全多方计算算法实现利用多方的数据进行计算，而不会泄露自己的数据。将安全多方计算协议集成到区块链架构本身，当进行数据共享协作时，如果对方节点需要对本节点拥有的数据进行分析计算，则可以通过运行安全多方计算协议，在不泄露数据的情况下让对方节点得到计算结果。

同态加密可以对密文直接进行处理，跟对明文进行处理后再对处理结果加密，得到的结果相同。同态加密在区块链的意义十分重大，目前，从安全角度讲，用户不敢将敏感信息直接放到区块链上进行处理。如果有了比较实用的同态加密技术，大家就可以放心地进行数据共享了。

Hyperledger Fabric引入了通道以及私有数据的概念。Hyperledger Fabric允许竞争的商业组织机构和其他任意对交易信息有隐私和机密需求的团体在相同的许可链网络中共存。其通过通道来限制消息的传播路径，为网络成员提供了交易的隐私性和机密性保护。在通道中的所有数据，包括交易、成员以及通道信息都是不可见的，并且对于未订阅该通道的网络实体都是无法访问的。Fabric能够在账本中创建私有数据集，允许通道上组织的子集认可、提交或查询私有数据，不用创建单独的通道就能实现通道上的一组组织的数据向其他组织保密的功能。

3.3 现有区块链架构介绍对比

3.3.1 比特币

比特币本质上是一个分布式点对点网络，通过维护公共账本，记录发生过的交易历史信息以维护网络正常运行。一笔合法交易完成是比特币网络运行设计思路的体现，当发生交易时用户需要将新交易记录写到比特币网络中，等网络确认才可认为交易完成。每笔交易包括输入和输出，未经使用的交易输出（Unspent Transaction Outputs，UTXO）可被新交易引用合法输入。交易过程中，交易总输入不能小于总输出，转账发起者需要提供签名脚本证明对UTXO的合法使用权，并指定输出脚本来限制本交易的收款者。

比特币概念及关键技术:（1）比特币账户，账户生成采用非对称加密算法。账户地址由用户公钥经过一系列hash编码运算后生成的160位字符串，通过非对称加密算法保证交易的安全性以及账户地址唯一性。（2）交易，一条交易信息包括付款人地址、付款人数字签名、付款资金交易来源ID、金额、收款人地址、收款人公钥、时间戳。节点收到交易信息，将检查交易是否已经处理、交易是否合法、交易输入总和是否大于输出总和，检查通过后，节点确认交易合法并在网络中广播。（3）脚本，脚本以基于栈的处理方式负责检验交易是否合法，是保证交易完成的核心机制。由非图灵完备语言编写，当其所依附的交易发生时触发，帮助验证交易是否合法。脚本机制为比特币系统提供了一定扩展性。（4）区块，保存着一段时间内的交易信息，包括4字节的区块大小信息以及8字节的区块头信息。区块头包括版本号、上一个区块头hash值、Merkle树根hash值、时间戳、难度指标、Nonce的信息。一个区块内交易信息被以Merkle树的方式存放，Merkle树根被写入区块头信息中，通过Merkle树根可以很快查到区块是否含有某笔交易。

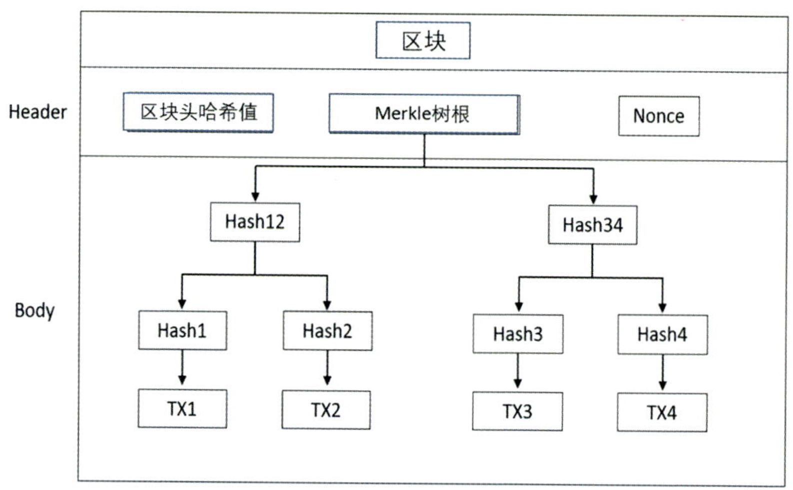

图3-2 区块构成

比特币设计理念：(1) 博弈论，比特币网络基于博弈论的思想，让合作者得到利益而非合作者受到损失惩罚。所有参与者必须首先付出挖矿代价，抵押越多算力才有可能拿到新区块决定权。不论成败，都将付出算力的消耗，网络参与者参与作恶所付出算力代价将超过因作恶带来的好处。在安全上，博弈论能有效抵御自私挖矿攻击、多数攻击、延迟服务攻击等。(2) 共识机制，传统共识问题虽然也有考虑了存在作恶的节点的拜占庭容错算法，但也是在相对封闭系统中。对于比特币来说，系统更为开放情况也更为复杂。中本聪共识对参与共识进行限制但对共识过程进行放宽，例如延迟共识时间、不追求最终共识而是通过概率限制结果被推翻的可能性、通过工作量证明限制合法提案个数、提高稳定性等。

3.3.2 以太坊

以太坊的目标是打造一个运行智能合约的去中心化平台，平台上的应用按程序设定运行，不存在停机、欺诈、人为干预等问题。以太坊也是一条公链，并且制定了面向智能合约的一套编程语言，为智能合约开发者提供完整的工具来开发各项分布式应用。

以太坊的主要概念：（1）以太坊虚拟机，提供轻量级虚拟环境供智能合约运行。（2）账户，分为合约账户以及以太币账户。（3）交易，账户之间传递以太币以及合约执行参数的信息。（4）燃料，执行合约指令将会消耗一定燃料，当交易未完成但燃料耗尽时，合约将终止执行并回滚状态。

以太坊的设计理念：（1）一致性，采用权益证明，降低能源消耗并提高共识效率。（2）经济激励机制，交易需要交易费，避免分布式拒绝服务攻击。合约运行需要消耗燃料，能有效防止恶意合约。（3）扩展性，通过多样的分布式程序以及分片机制提高了整个网络的可扩展性。

3.3.3 Hyperledger Fabric

Hyperledger Fabric是一个开源的企业级许可分布式账本技术（DLT）平台，专为在企业环境中使用而设计。它采用了模块化的架构设计，支持可插拔组件的开发与使用。总账上的数据，由多方参与节点共同维护，并且一旦被记录，账本上的交易信息永远无法被篡改，并支持通过时间戳进行溯源查询。

Fabric的主要特性：（1）身份管理，Fabric是一个许可链网络，提供了一个成员服务（Member Service），用于管理用户ID并对网络上所有的参与者进行认证。在网络中，成员之间可以通过身份信息互相识别，但是他们并不知道彼此在做什么。（2）隐私和保密，Fabric允许竞争的商业组织机构和其他任意对交易信息有隐私和机密需求的团体在相同的许可链网络中共存。通过通道来限制消息的传播路径，为网络成员提供了交易的隐私性和机密性保护。（3）高效性能，Fabric按照节点类型分配网络角色以提供更好的网络并发性和并行性，并对事务执行、事务排序、事务提交进行了有效的分离。(4)函数式合约编程，合约代码是通道中交易调用的编码逻辑，定义了用于更改资产所有权的参数，确保数字资产所有权转让的所有交易都遵守相同的规则和要求。（5）模块化设计，Fabric实现的模块化架构可以为网络设计者提供功能选择。包括特定的身份识别、共识、加密算法都可以作为可拔插组件进行自定义。（6）可维护性和可操作性，Fabric具有日志记录、健康检查机制以及运营指标等功能，面向商业应用场景提高了网络整体维护性以及可操作性。

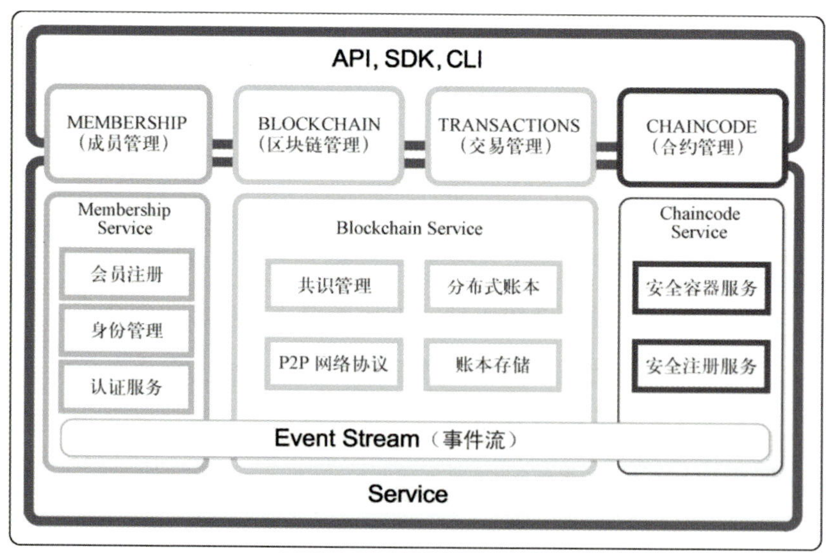

图3-3　Fabric架构图

Fabric设计创新点：(1) 交易架构，采用了全新的execute-order-validate交易架构，将交易执行与共识相分离，并实现了基于策略的许可。(2)通道，通道是构建在Fabric网络上的私有区块链，由“配置块”定义，保障数据的隔离及隐私性。所有对等节点共享通道中特定的账本，交易方与账本的交互必须通过通道的正确性验证。

3.3.4 FISCO BCOS

FISCO BCOS是安全可控、稳定易用、高性能的金融级区块链底层平台，由金链盟开源工作组于2017年推出。开源社区汇聚数千企业及机构，上万开发者参与共建，发展成为最大最活跃的国产开源联盟链生态圈。

FISCO BCOS以联盟链的实际需求为出发点，兼顾性能、安全、可运维性、易用性、可扩展性，支持多种SDK，并提供了可视化的中间件工具，大幅缩短建链、开发、部署应用的时间。此外，FISCO BCOS通过信通院可信区块链评测功能、性能两项评测，单链TPS可达两万。同时针对国内环境进行改良，采用了AMOP协议，支持国密，支持多种CA等。

FISCO BCOS核心模块包含三部分：(1) 共识机制，支持可拔插机制，兼备PBFT、Raft和rPBFT共识算法，交易效率高，交易确认延时低，具有最终一致性。(2) 存储，世界状态的存储采用分布式存储，避免因世界状态存储增加而使得区块链性能下降；引入可拔插存储引擎，将计算与存储隔离，降低节点故障对于节点数据的影响。(3) 网络，支持网络压缩功能，并基于负载均衡的思想实现了良好的分布式网络分发机制，最大化降低带宽开销。

3.3.5 区块链系统对比

比特币作为区块链最早的落地应用，实现了区块链最主要的去中心化、交易不可篡改、交易可追溯的特性，基本上实现了电子现金系统所期望达到的目标。以太坊在比特币的功能之上，增加了图灵完备的合约语言以及内置持久化状态存储，其中智能合约的使用极大拓展了区块链的实用性，为其他领域探索区块链知识提供了非常重要的方向。Fabric不同于传统区块链系统，采用模块化设计并且使用运行于Docker的智能合约，使得主流编程语言也可以进行合约编写，引入成员身份服务，参与区块链的人员身份是确定的，因此Fabric是一种弱中心化的区块链。具体主流区块链系统对比见表3-1。

表 3-1 主流区块链系统对比

名称	优点	缺点	共识算法	类型	开发语言	智能合约	效率（TPS）
比特币	相对成熟和稳定的区块链体系	POW 算法比较低效率和耗能，不支持智能合约	PoW	公链	C++	无	7
以太坊	技术生态系统比较强大，迭代周期快，有较强的生命力	频繁的迭代升级和易被攻击，需要频繁地升级维护和补丁	PoW PoS DPoS	公链	Go	支持	25
Fabric	层设计合理，模块化程度强，适合商业场景	弱中心化，大量依赖配置文件，未充分利用区块链本身实现对区块链的配置	PBFT Kafka	联盟链	Go	支持	100K
Corda	性能好，商业机构之间直接进行价值交换，对金融业务支持性高	规模限制，无法形成大规模的联盟链，适用的业务场景比较狭窄	Flexible plugin feature for consensus	联盟链	JAVA	支持	170

续表

名称	优点	缺点	共识算法	类型	开发语言	智能合约	效率（TPS）
Fisco BCOS	兼顾性能、安全、可运维性、易用性、可扩展性，支持多种SDK，并提供了可视化的中间件工具	具有一定风险，具有“超级账户”，对于一个去中心化的区块链系统安全具有隐患	PBFT Raft rPBFT	联盟链	C++	支持	20K+

经过对比，可以发现以太坊技术生态好，配套工具齐全，对于区块链部署工作人员友好，但是TPS较低，并不适合对于效率要求高的应用场景。Corda在金融场景性能好，但是业务场景狭窄。Fabric以及Fisco BCOS的TPS都较高，适合更广泛的商业应用场景，但安全性有所牺牲，必须要有严格的身份认证机制才能保证整体系统安全。

3.4 区块链在教育领域应用多元场景及优势

3.4.1 区块链+教育的可行性

2016年10月，工信部颁布《中国区块链技术和应用发展白皮书》，指出“区块链系统的透明化、数据不可篡改等特征，完全适用于学生征信管理、升学就业、学术、资质证明、产学合作等方面，对教育就业的健康发展具有重要的价值”。

区块链技术具有分布式、不可篡改、透明开放的优点，基于以太坊或许可链上智能合约可以面向不同教育场景开发多种有潜力的应用。当然如今教育领域对于区块链尝试还只是在局部场景，随着区块链技术不断成熟，甚至很多BaaS（Blockchain as a Service）的推出，都能帮助区块链在教育领域得到应用。

3.4.2 学历证书认证

目前大部分区块链在教育领域的应用案例都是用于学位管理以及学习成果评估。随着就业市场竞争的加剧以及科技的发展，学历造假成为阻碍教育发展与人才市场稳定的重要因素，区块链的特性使得区块链可以为学历认证提供背书，智能合约的使用将会提高认证的执行力与公平性，帮助学生与教师完成认证活动。通过建设基于区块链的证书认证平台，学校可以根据相关信息在区块链上为某位个人授予学历，相关机构可以查询某人的学历信息，由于使用私钥签名，同时信息记录在区块链公共账本上，确保了信息的真实有效。

使用区块链建立起记录学生成绩及各项指标的认证服务平台，数字学历证书存储在区块链上，通过接口可以查看证书拥有者信息、证书发行者、发行日期、详细信息地址、哈希校验结果等内容。学校用私钥加密对证书进行签名，学生可以持有自己的私钥并对自己的证书详细记录进行查看，需要检验证书的机构可以查验证书的真实性，得到授权后也可以查看证书详细信息。通过区块链进行上述操作的一键完成，节省人工颁发证书和检验学历资料的时间以及人力成本，提高效率，提高了证书信任度，有效遏制学历造假。

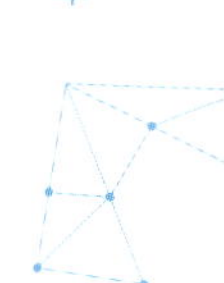

3.4.3 开放教育生态社区

在互联网的带动下，教育资源共享越来越便捷，全世界的人都可以通过网络获取或者提供大量、开放的学习资源，但同时学习资源版权保护、教学资源共享、付费课程共享也出现了各种各样的问题，区块链有望通过教育资源共享、交易来构建安全、可信的开放教育生态社区。

目前内容的版权登记缺乏高效便捷途径，侵权成本低而维权成本高，大量内容版权信息及授权规则不清晰，网络侵权行为造成的危害也远比传统侵权更严重。区块链作为信任网络，通过机制为网络上验证过的数据进行背书，天然适合进行教育资源版权保护工作。区块链分布式账本与时间戳技术，可以帮助快速上链确权，以电子数据为操作对象，将证据固化在区块链存证平台，实现电子数据的采集、存证、取证、公证、鉴定、仲裁等全流程服务，为维权流程提供公信力支持，同时教育资源的版权登记也可以用于资源共享时的证明，提倡人们共享以及使用有证明的资源，形成良好的资源保护生态，鼓励创作者产出更为优质的资源。

利用区块链促进教育资源共享，通过教育资源摘要上链，为资源存在进行背书，能够帮助在数据共享时提高效率，解决资源孤岛问题。通过智能合约，可以实现安全数据共享，数据共享中各项规则逻辑或者安全多方计算协议等写入智能合约，只要用户认可这些规则就可以参与数据共享，一旦合约触发条件达成，约定的各项共享流程也将马上执行。基于区块链智能合约的教育数据交易机制，可以用于搭建安全可靠的付费教育平台。交易平台依托于区块链智能合约，双方对交易安全性有所信任，利用智能合约进行约定，一旦合约条件触发，一笔教育数据交易很快就会完成，同时交易会被记录到区块链上，方便日后双方对交易进行追溯。

3.4.4 学生综合素质评价管理

目前对学生素质整体评价特别是评价的信度远远不能满足社会选拔人才的需要。学生综合素质越来越全面，更加注重实证和过程化，特别强调“谁用谁评价”。许多学校都构建了学生素质评价体系并引入了信息化技术，建设了学生数据平台，在此基础上结合区块链的特性，既能让更多数据被解放出来，也能保证评价数据私密性，还可以在隐私状态下为数据开放提供解决方案。

区块链允许进行分布式素质评价以及存储，从而形成学生素质评价数据，有助于解决当前教育领域存在的素质评价不全面，实际评价过程中学校与家庭相脱离等实际情况。当用人单位或者升学机构在录用后，还需要进行重复的素质评价并且没有连贯的综合素质数据，可能没有办法完整得知学生的素质发展历程。但是可信的学生素质数据仍是用人单位开展人才培养质量评价以及专业评价的重要依据，有助于实现学生素质培养的无缝衔接，促进学校与学校、学校与企业之间在人才培养上的高效精准合作。

基于区块链的学生综合素质评价系统，首先要探索基于区块链技术下的有效评价机制。通过学生综合素质账簿建立一套学生过程评价记录系统，学生可以通过节点加入网络，也可以参与区块链共识的达成。在区块链网络上使用智能合约建立起一套家校沟通的机制，家长参与到学生的评价，学校也能及时与家长沟通。区块链在数据公信力保证上提供了创新保障机制，在无第三方介入的情况下，确立价值交换双方的信任关系，确保学校及学生双方的承诺能够依靠网络的自治机制而自动执行。

本章参考文献

[1] 袁勇, 王飞跃.区块链技术发展现状与展望[J].自动化学报，2016, 42(04): 481-494.

[2] Bano S, Sonnino A, Al-Bassam M, et al. SoK: Consensus in the age of blockchains[C]//Proceedings of the 1st ACM Conference on Advances in Financial Technologies. 2019: 183-198.

[3] G. Chen, B. Xu, M. Lu, and N.-S. J. S. L. E. Chen. Exploring blockchain technology and its potential applications for education. vol. 5, no. 1, pp. 1, 2018.

[4] S. Nakamoto, A. J. B. U. h. b. o. b. p. Bitcoin. A peer-to-peer electronic cash system. vol. 4, 2008.

[5] B. Duan, Y. Zhong, D. Liu. Education application of blockchain technology: Learning outcome and meta-diploma. pp. 814-817.

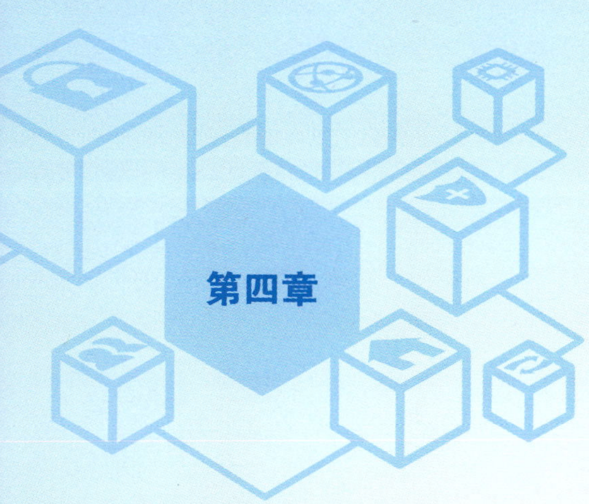

区块链技术构建中学生综合素质评价体系[1]

1　本章作者为苏圣奎。

综合素质评价是新高考改革的重点与难点，对推进育人方式改革具有重要的意义。构建综合素质评价体系既有利于促进综合素质评价的落地，又在高中全面发展人才的培养方面发挥导向作用。区块链技术作为保障数据安全性和真实性的现代技术手段，对于改进和完善高中生综合素质评价征信问题有重大借鉴意义。基于区块链技术的高中生综合素质评价指标，以国家权威部门发布的文件为基础，结合《中国学生发展核心素养》，利用专家咨询法和层次分析法构建包含6个一级指标、18个二级指标及48个三级指标的综合素质评价体系，对学生的思想品德、学业水平、身心健康、艺术素养、社会实践和劳动素养等方面进行评价。

4.1 中学生综合素质评价存在的问题

普通高中学生综合素质评价实施，是我国当前教育研究领域关注的热点话题，也是新一轮基础教育课程改革和教育综合改革实践面临的焦点与热点问题，综合素质评价是对学生全面发展状况的观察、记录、分析，是发现和培育学生良好个性的重要手段，是深入推进素质教育的一项重要制度。全面实施综合素质评价，有利于促进学生认识自我、规划人生，积极主动地发展；有利于促进学校把握学生成长规律，切实转变人才培养模式；有利于促进评价方式改革，转变以考试成绩为唯一标准评价学生的做法，推动高校招生方式改革。

为了推动中学人才培养方式的转变，国务院办公厅发布了《关于新时代推进普通高中育人方式改革的指导意见》，强调高等学校要把综合素质评价作为招生录取的重要参考，并充分考虑城乡差异和不同群体学生特点，研究制订高中学生综合素质评价使用办法。这个重要政策的实施为高中人才平台和高校人才选拔开辟了新的途径，也提出了新的挑战，学校不仅需要制定科学合理的评价指标，而且要根据评价指标收集数据信息，在实现有效的信息录入和保障数据真实性方面存在困难，导致综合素质评价改革犹如“空中楼阁”，依然没有从根本上改变学校以成绩作为评价学生和选拔人才唯一指标的现状。

4.2 区块链是推动高校招生改革的有效载体

简单地说，区块链是按时间顺序把数据所分成的区块按照顺序连接的方式组合成一种链式数据结构，并且通过密码学算法保证信息不被篡改和伪造的分布式账本。该技术利用块链式数据结构来验证与存储数据、利用分布式节点共识算法来生成和更新数据、利用密码学的方式保证数据传输和访问的安全、利用由自动化脚本代码组成的智能合约来编程和操作数据。

随着人工智能、大数据和区块链技术等现代信息技术逐步走进人们的生活，通过智能设备采集学生学习、技能和行为表现等综合素质信息在技术上日趋成熟，区块链技术具备去中心化、可追溯性和自治性三大特点，其中去中心化能让网络结构中每个节点都通过共识机制平等共享学校各部门录入的学生行为记录信息，保证网络信息公平透明，有效防止学生信息数据被恶意篡改或发生作弊行为；可追溯性的特点能回溯查询被恶意篡改的数据和时间，实时同步各个节点的数据信息，在保证66%节点正确率和合法性的前提下，遭到非法篡改的数据能自动被修正；自治性能自主监听各节点数据信息变化并进行共识。基于这些特征，区块链技术奠定了坚实的“网络信任”基础，创造了可靠的“跨界合作”机制，区块链技术作为保障数据安全性和真实性的现代技术手段，对于改进和完善高中生综合素质评价征信问题有重大借鉴意义，将在高校综合素质评价招生改革中扮演重要角色，是推动高校招生改革的有效载体。

4.3 区块链应用于教育评价的相关研究

习近平总书记在中央政治局第十八次集体学习时强调，“区块链技术的集成应用在新的技术革新和产业变革中起着重要作用”。[1]在以信息技术为主要特征的第四次产业革命中，区块链与教育领域的融合逐步进入人们的研究视野，目前国内开始有学者关注区块链在教育评价中的运用，主要体现在三个方面：一是区块链将电子证书、档案管理、智能合约等应用于教育场景的研究，例如杨现民等提出区块链应用于教育领域主要体现在建立个体学信大数据、打造智能化教育淘宝平台、开发学位证书系统、构建开放教育资源新生态、实现网络学习社区“自组织”运行以及开发去中心化教育系统等六大领域。[2]二是区块链技术在大学生行为综合评价的研究，例如胥月等设计了基于区块链技术的学生行为评价体系的系统框架和系统结构，分析在系统设计与实现当中需要关注的关键技术以及相应的解决方案。[3]三是区块链技术在中小学生综合素质评价的理论研究，例如郑旭东等基于区块链技术进行学生综合素质评价系统设计，分析了超级账本的建构技术、系统运行的机制、指标模型与评价算法等与综合素质评价相关的技术问题。[4]

在国外，区块链在教育行业的应用主要在于提高学籍和学历的可信度，他们将学生的学习记录和各类证书放在区块链上，以保证学生学习经历的真实性。例如美国霍博顿学院是首个利用区块链记录学历信息的学校[5]，通过区块链技术授予以课程为导向的认证数据，将学历证书存放到区块链数据库中，保证学历证书的高度可靠性，同时节省了人工颁发证书和检阅学历资料的时间和成本。此外，美国麻省理工学院与Learning Machine公司合作，使用区块链技术为该校毕业生颁发数字学位证书，实现了数据的防篡改和证书的可验真伪。[6]

由此可见，国内外关于区块链在综合素质评价中的应用研究尚处于起步阶段，基于区块链技术的高中生综合素质评价指标体系构建，实施路径和权利保障等方面的研究更是少见，因此，开展区块链技术融入综合素质评价征信体系的相关研究，对促进中学人才培养和高校人才选拔均具有重要意义。

4.4 基于区块链的中学生综合素质评价体系构建

4.4.1 设计思路

本研究遵循“树立评价理念→制定评价指标→收集评价数据→应用信息技术→形成评价结果”的综合素质评价征信体系设计思路，树立“立德树人，服务选才”的评价理念，通过构建学生综合素质评价指标，为学生德智体美劳全面发展提供客观、可信的过程性评价，根据指标收集学生的综合评价数据，应用区块链技术进行处理和分析，经过中学、教师和学生三方共同确认后，提供给高校作为招生录取的参考。

4.4.2 制定评价指标

（1）中学生综合素质评价指标构成

学校实施“以综合评价激励人才发展”的评价理念，深度挖掘学生全面发展的潜质。综合评价指标根据教育部颁布的《关于加强和改进普通高中学生综合素质评价的意见》《福建省普通高中学生综合素质评价实施办法》，并结合《中国学生发展核心素养》，制定了“思想品德”“学业水平”“身心健康”“艺术素养”“社会实践”和“劳动素养”等6个一级指标、18个二级指标及48个三级指标，并对三级指标进行了操作性描述（见表4-1）。评价实施过程关注学生在学校活动、课堂学习、社会实践和家庭劳动中的

表现和取得的成果，组织高校专家、企业工程师、家长和学校多学科教师成立评审小组，开展过程性评价与总结性评价、定量评价与定性评价、他人评价与个人自评相结合的综合评价，并利用区块链技术构建学生的综合评价征信体系，建立学生信用档案，确保综合评价的信度和效度。

表 4-1　高中生综合素质评价三级指标及其操作性描述

评价项目			指标描述
一级指标	二级指标	三级指标	
思想品德	社会责任	诚信精神	诚实守信，自尊自律，文明友善，孝亲敬长，有感恩之心
		志愿服务	热心公益和志愿服务，敬业奉献，具有团队意识和互助精神
		法治意识	明辨是非，具有规则与法治意识，积极履行公民义务，维护社会公平正义，理性行使公民权利
	国家认同	国家意识	具有国家意识，了解国情历史，认同国民身份，能自觉捍卫国家主权、尊严和利益
		文化信仰	具有文化自信，尊重中华民族的优秀文明成果，能传播弘扬中华优秀传统文化和社会主义先进文化传统
		核心价值	理解、接受并自觉践行社会主义核心价值观，具有为实现中华民族伟大复兴而不懈奋斗的信念和行动
	国际理解	全球意识	具有全球意识和开放的心态，了解人类文明进程和世界发展动态
		人类情怀	关注人类面临的全球性挑战，理解人类命运共同体的内涵与价值等
		文化交流	能尊重世界多元文化的多样性和差异性，积极参与跨文化交流

续表

评价项目			指标描述
一级指标	二级指标	三级指标	
学业水平	理性思维	科学知识	崇尚真知，能理解和掌握基本的科学原理和方法
		实证意识	尊重事实和证据，有实证意识和严谨的求知态度
		逻辑思维	逻辑清晰，能运用科学的思维方式认识事物、解决问题、指导行为等
	人文积淀	人文知识	具有古今中外人文领域基本知识和成果的积累
		认识方法	能理解和掌握人文思想中所蕴含的认识方法
		实践方法	能理解和掌握人文思想中所蕴含的实践方法
	批判探究	问题意识	具有问题意识，能独立思考、独立判断
		辩证思维	能多角度、辩证地分析问题，做出选择和决定
		探究精神	具有好奇心和想象力，有坚持不懈的探索精神，积极寻求有效的问题解决方法
身心健康	珍爱生命	安全意识	理解生命的意义，具有安全意识与自我保护能力
		运动技能	掌握适合自身的运动方法和技能
		生活习惯	养成健康文明的行为习惯和生活方式
	健全人格	情绪管理	能调节和管理自己的情绪，具有抗挫折和自制能力
		心理品质	具有积极的心理品质，自信自爱，坚韧乐观
		人生目标	具有良好的人际关系，有一定的人生目标和追求
	自我管理	自我认识	能正确认识与评估自我，依据自身个性和潜质选择适合的发展方向
		时间管理	合理分配和使用时间与精力
		执行能力	具有达成目标的持续行动力

续表

评价项目			指标描述
一级指标	二级指标	三级指标	
艺术素养	艺术表达	艺术积累	具有艺术知识、技能与方法的积累
		艺术创新	具有艺术表达和创意表现的兴趣和意识，能在生活中拓展和升华美等
	人文情怀	人本意识	具有以人为本的意识，尊重、维护人的尊严和价值
		人文关切	能关切人的生存、发展和幸福
	审美情趣	审美意识	具有发现、感知、欣赏、评价美的意识和基本能力
		价值取向	能理解和尊重文化艺术的多样性，具有健康的审美价值取向
社会实践	合作交流	团队意识	有团队活动中具有协作意识，与他人配合默契
		实践活动	积极参加文化、法治、科普、国防、安全、健康等各类主题社会实践和研学实践教育活动
	反思意识	经验意识	具有对实践中产生的经验进行审视的意识和习惯
		策略方法	能根据不同现实情境调整实践策略和方法
	信息能力	信息意识	网络伦理道德与信息安全意识，主动适应社会信息化发展趋势
		数学能力	能自觉、有效地获取、评估、鉴别、使用信息，具有数字化生存能力

评价项目			指标描述
一级指标	二级指标	三级指标	
劳动素养	劳动品质	劳动目的	具有通过诚实合法劳动创造成功生活的意识和行动
		创新意识	在家务劳动、生产劳动、公益活动和社会实践中，具有改进和创新劳动方式、提高劳动效率的意识
		劳动技能	尊重劳动，具有积极的劳动态度和良好的劳动习惯；具有动手操作能力，掌握一定的劳动技能
	问题解决	问题提出	善于在劳动中发现和提出问题。有解决问题的兴趣和热情
		方案制订	能依据特定情境和具体条件，制订合理的解决方案
		方案实施	具有在现实环境中实施既定方案的执行和应变能力
	技术应用	技术意识	理解技术与人类文明的有机联系，具有学习掌握技术的兴趣和意愿
		工程思维	具有工程思维，能将创意和方案转化为有形物品或对已有物品进行改进与优化
		综合素养	具有将科学、工程、技术、数学、人文艺术等多领域知识综合应用的STEAM素养

（2）专家咨询与验证

为了在更大范围内开展高中生综合素质评价指标的专家咨询，本研究以上述指标体系为基础形成“基于区块链技术的高中生综合素质评价指标体系构建”专家咨询问卷，问卷采用李克特量表（Likert scale）问卷设计，通过纸质问卷与网络问卷相结合开展咨询问卷工作，调查范围覆盖26个省、自治区、直辖市，调查对象为高中普通教师、高中校长、高校教师、高校招生负责人等。最终回收问卷908份，有效问卷876份，有效率为96.48%，其中高中教师568人，高中校长46人，高校教师240人，高校招生负责人22人，其中有77.51%的问卷参与者的教龄在10年以上。

问卷调查结果显示，专家群体对数学建模素养评价指标的认同度较高，“非常认同”与“比较认同”的比例之和达到80%以上。根据方差分析，发现专家群体对评价指标的认同度上没有显著性差异，具有较高的一致性（见表4-2）。

表 4-2　专家群体对评价指标的认同度情况表

评价项目			指标认同度				
一级指标	二级指标	三级指标	非常认同	比较认同	不确定	比较不认同	非常不认同
思想品德	社会责任	诚信精神	52.51%	31.96%	7.88%	5.25%	2.40%
		志愿服务	43.38%	42.24%	5.48%	6.39%	2.51%
		法治意识	51.60%	33.11%	6.85%	4.00%	4.45%
	国家认同	国家意识	47.95%	37.67%	5.71%	4.34%	4.34%
		文化信仰	42.12%	43.49%	8.90%	3.31%	2.17%
		核心价值	57.19%	25.11%	8.79%	5.71%	3.20%
	国际理解	全球意识	41.67%	45.78%	6.85%	3.42%	2.28%
		人类情怀	45.89%	35.73%	11.19%	4.79%	2.40%
		文化交流	44.63%	42.01%	4.57%	6.74%	2.05%
学业水平	理性思维	科学知识	57.42%	24.54%	7.42%	7.19%	3.42%
		实证意识	58.45%	26.48%	5.71%	6.39%	2.97%
		逻辑思维	40.18%	45.78%	8.56%	3.42%	2.05%
	人文积淀	人文知识	55.59%	30.25%	8.33%	4.00%	1.83%
		认识方法	52.74%	32.53%	6.62%	5.48%	2.63%
		实践方法	52.40%	30.25%	9.70%	5.25%	2.40%
	批判探究	问题意识	60.73%	26.37%	6.85%	4.11%	1.94%
		辩证思维	59.70%	25.80%	7.42%	4.45%	2.63%
		探究精神	58.11%	28.65%	7.19%	4.11%	1.94%

续表

评价项目			指标认同度				
一级指标	二级指标	三级指标	非常认同	比较认同	不确定	比较不认同	非常不认同
身心健康	珍爱生命	安全意识	56.74%	27.51%	5.82%	6.39%	3.54%
		运动技能	56.62%	28.77%	5.82%	6.51%	2.28%
		生活习惯	60.73%	25.80%	7.08%	4.11%	2.28%
	健全人格	情绪管理	53.42%	34.82%	5.82%	4.11%	1.83%
		心理品质	67.35%	29.00%	1.83%	1.14%	0.68%
		人生目标	52.05%	32.53%	8.11%	5.94%	1.37%
	自我管理	自我认识	55.14%	29.00%	6.74%	5.25%	3.88%
		时间管理	56.74%	28.65%	7.76%	3.88%	2.97%
		执行能力	51.83%	33.22%	7.08%	4.79%	3.08%
艺术素养	艺术表达	艺术积累	36.64%	44.29%	9.36%	6.39%	3.31%
		艺术创新	52.85%	29.00%	10.50%	5.14%	2.51%
	人文情怀	人本意识	56.28%	27.51%	10.62%	3.65%	1.94%
		人文关切	57.08%	25.80%	9.59%	4.11%	3.42%
	审美情趣	审美意识	51.60%	36.53%	5.94%	3.65%	2.28%
		价值取向	58.22%	24.20%	7.88%	6.39%	3.31%
社会实践	合作交流	团队意识	61.99%	23.06%	7.65%	3.65%	3.65%
		实践活动	55.82%	28.54%	9.36%	4.00%	2.28%
	反思意识	经验意识	52.74%	29.22%	9.70%	5.94%	2.40%
		策略方法	57.08%	27.51%	9.47%	3.77%	2.17%
	信息能力	信息意识	54.57%	31.96%	5.82%	4.68%	2.97%
		数字能力	40.07%	44.18%	10.50%	3.20%	2.05%
劳动素养	劳动品质	劳动目的	42.12%	43.38%	5.71%	6.96%	1.83%
		创新意识	41.21%	44.41%	7.08%	3.65%	3.65%
		劳动技能	49.66%	43.49%	4.00%	1.37%	1.48%
	问题解决	问题提出	45.43%	44.75%	6.05%	2.63%	1.14%
		方案制订	44.52%	41.67%	9.93%	2.63%	1.26%
		方案实施	44.06%	41.67%	6.85%	4.68%	2.74%
	技术应用	技术意识	44.18%	44.41%	6.62%	2.97%	1.83%
		工程思维	41.55%	43.49%	6.51%	5.82%	2.63%
		综合应用	48.52%	35.62%	7.99%	4.34%	3.54%

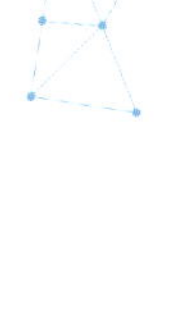

(3) 确定指标权重

为确定上述各指标的权重值，本研究对30位中学教育专家和30位大学教育专家进行评价指标权重的咨询，回收有效问卷56份，有效率为93％。以下结合专家咨询的结果，利用层次分析法（AHP）对综合素质评价指标的权重值进行计算，计算流程简述如下：

①构造判断矩阵，以接受咨询的某位专家对数学建模素养评价指标的评分为例，得到判断矩阵赋值表（见表4-3）及判断矩阵 A 。

表 4-3　某专家对综合素质评价指标判断矩阵赋值表

	思想品德	学业水平	身心健康	艺术素养	社会实践	劳动素养
思想品德	1	1	1/2	1	1/3	1
学业水平	1	1	1/3	1	1/2	2
身心健康	2	3	1	3	1/2	1/2
艺术素养	1	1	1/3	1	1/3	1
社会实践	3	2	2	3	1	2
劳动素养	1	1/2	2	1	1/2	1

$$A=\begin{bmatrix}1 & 1 & 1/2 & 1 & 1/3 & 1\\ 1 & 1 & 1/3 & 1 & 1/2 & 2\\ 2 & 3 & 1 & 3 & 1/2 & 1/2\\ 1 & 1 & 1/3 & 1 & 1/3 & 1\\ 3 & 2 & 2 & 3 & 1 & 2\\ 1 & 1/2 & 2 & 1 & 1/2 & 1\end{bmatrix}\quad A'=\begin{bmatrix}0.111 & 0.118 & 0.081 & 0.100 & 0.105 & 0.133\\ 0.111 & 0.118 & 0.054 & 0.100 & 0.158 & 0.267\\ 0.222 & 0.353 & 0.162 & 0.300 & 0.158 & 0.067\\ 0.111 & 0.118 & 0.054 & 0.100 & 0.105 & 0.133\\ 0.333 & 0.235 & 0.324 & 0.300 & 0.316 & 0.267\\ 0.111 & 0.059 & 0.324 & 0.100 & 0.158 & 0.133\end{bmatrix}$$

②计算指标权重，利用计算公式 $a'_{ij}=\dfrac{a_{ij}}{\sum_{k=1}^{5}a_{kj}}$ （i，j=1,2,3,4,5）将判断矩阵 A 的每列原元素 a_{ij} 作归一化处理，得到新判断矩阵 A' 的元素 a'_{ij}，然后对新判断矩阵 A' 按行相加，得到 $\bar{W}=(\bar{w}_1,\ \bar{w}_2\ \ \bar{w}_3\ \ \bar{w}_4\ \ \bar{w}_5)^T$，其中 $\bar{w}_i=\sum_{j=1}^{5}a'_{ij}$ （i，j=1,2,3,4,5），从而 $\bar{W}=(0.649,0.808,1.262,0.621,1.775,0.885)^T$ 。再计算出判断矩阵的特征向量 $W=(w_1,\ w_2\ \ w_3\ \ w_4\ \ w_5)^T$，其中 $w_i=\dfrac{\bar{w}_i}{\sum_{j=1}^{5}\bar{w}_j}$ （i，j=1,2,3,4,5），得

到$W=(0.108, 0.135, 0.210, 0.104, 0.296, 0.147)^T$，因此，该专家认为上述6个综合素质评价一级指标的权重依次为0.108，0.135，0.210，0.104，0.296，0.147。

③一致性检验，为了达到对指标相对重要程度的一致性要求，需要对计算出的数学建模核心素养指标的权重进行一致性检验，检验方法和标准如下：一致性指标$CI=\frac{\lambda_{\max}-n}{n-1}$，最大特征值$\lambda_{\max}=\sum_{i=1}^{n}\frac{(AW)_i}{nw_i}$，平均随机一致性指标为$RI$。当一致性比值$CR=\frac{CI}{RI}<0.10$时，判断矩阵具有一致性，则认为计算得到的权重可以接受，否则就需要重新修正指标的权重。以该专家评分进行计算，$AW=(0.698, 0.859, 1.363, 0.663, 1.916, 0.995)^T$，$\lambda_{\max}=6.489$，$CI=0.0978$，当$n$为6时，随机一致性变量$RI=1.24$，$CR=\frac{CI}{RI}=0.0789<0.1$，因此，认为该专家在6个综合素质评价一级指标权重的判断上满足一致性要求。

依照以上操作流程，对剩余55位专家的评分构造判断矩阵、计算指标权重和一致性检验，发现有10位专家的评分不能通过一致性检验，从而实际有效的专家评分为30个，取这46个有效专家评分的平均值，将权重值保留小数点后两位有效数字，从而得出五个数学建模核心素养水平评价一级指标的权重依次为0.12，0.22，0.20，0.10，0.18，0.18。

仿照计算一级指标权重的方法和流程，计算出18个二级指标和48个三级指标的权重（见表4-4），从而得到综合素质评价的计算表达式为$E=0.12C+0.22S+0.20H+0.10A+0.18P+0.18L$，其中$C=\frac{1}{0.12}\sum_{i=1}^{3}\sum_{j=1}^{3}C_{ij}W_{C_{ij}}$，即$C=\frac{1}{0.12}(0.03C_{11}+0.01C_{12}+0.01C_{13}+0.02C_{21}+0.01C_{22}+0.01C_{23}+0.01C_{31}+0.01C_{32}+0.01C_{33})$，同理，$S=\frac{1}{0.22}\sum_{i=1}^{3}\sum_{j=1}^{3}S_{ij}W_{S_{ij}}$，$H=\frac{1}{0.20}\sum_{i=1}^{3}\sum_{j=1}^{3}H_{ij}W_{H_{ij}}$，$A=\frac{1}{0.10}\sum_{i=1}^{2}\sum_{j=1}^{2}A_{ij}W_{A_{ij}}$，$P=\frac{1}{0.18}\sum_{i=1}^{2}\sum_{j=1}^{2}P_{ij}W_{P_{ij}}$，$L=\frac{1}{0.10}\sum_{i=1}^{3}\sum_{j=1}^{3}L_{ij}W_{L_{ij}}$，其中C、S、H、A、P、L分别表示思想品德，学业水平，身心健康，艺术素养，社会实践和劳动素养等六个一级指标，E表示学生的综合素质评价成绩。

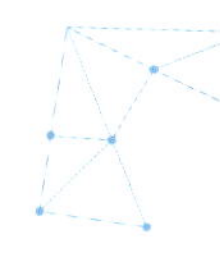

表 4-4　综合素质评价指标权重分布表

一级指标	权重	二级指标	权重	三级指标（T）	权重（W_T）
思想品德（C）	0.12	社会责任（C_1）	0.05	诚信精神（C_{11}）	0.03
				志愿服务（C_{12}）	0.01
				法治意识（C_{13}）	0.01
		国家认同（C_2）	0.04	国家意识（C_{21}）	0.02
				文化信仰（C_{22}）	0.01
				核心价值（C_{23}）	0.01
		国际理解（C_3）	0.03	全球意识（C_{31}）	0.01
				人类情怀（C_{32}）	0.01
				文化交流（C_{33}）	0.01
学业水平（S）	0.22	理性思维（S_1）	0.08	科学知识（S_{11}）	0.03
				实证意识（S_{12}）	0.03
				逻辑思维（S_{13}）	0.02
		人文积淀（S_2）	0.07	人文知识（S_{21}）	0.03
				认识方法（S_{22}）	0.02
				实践方法（S_{23}）	0.02
		批判探究（S_3）	0.07	问题意识（S_{31}）	0.03
				辩证思维（S_{32}）	0.02
				探究精神（S_{33}）	0.02
身心健康（H）	0.20	珍爱生命（H_1）	0.08	安全意识（H_{11}）	0.03
				运动技能（H_{12}）	0.03
				生活习惯（H_{13}）	0.02
		健全人格（H_2）	0.06	情绪管理（H_{21}）	0.03
				心理品质（H_{22}）	0.02
				人生目标（H_{23}）	0.01
		自我管理（H_3）	0.06	自我认识（H_{31}）	0.02
				时间管理（H_{32}）	0.02
				执行能力（H_{33}）	0.02
艺术素养（A）	0.10	艺术表达（A_1）	0.04	艺术积累（A_{11}）	0.03
				艺术创新（A_{12}）	0.01
		人文情怀（A_2）	0.03	人本意识（A_{21}）	0.02
				人文关切（A_{22}）	0.01
		审美情趣（A_3）	0.03	审美意识（A_{31}）	0.02
				价值取向（A_{32}）	0.01

续表

一级指标	权重	二级指标	权重	三级指标（T）	权重（W_T）
社会实践（P）	0.18	合作交流（P_1）	0.08	团队意识（P_{11}）	0.03
				实践活动（P_{12}）	0.05
		反思意识（P_2）	0.05	经验意识（P_{21}）	0.03
				策略方法（P_{22}）	0.02
		信息能力（P_3）	0.05	信息意识（P_{31}）	0.03
				数字能力（P_{32}）	0.02
劳动素养（L）	0.18	劳动品质（L_1）	0.07	劳动目的（L_{11}）	0.03
				创新意识（L_{12}）	0.02
				劳动技能（L_{13}）	0.02
		问题解决（L_2）	0.06	问题提出（L_{21}）	0.01
				方案制订（L_{22}）	0.03
				方案实施（L_{23}）	0.02
		技术应用（L_3）	0.05	技术意识（L_{31}）	0.02
				工程思维（L_{32}）	0.02
				综合应用（L_{33}）	0.01

4.4.3　收集评价数据

根据上述综合素质评价指标体系，对学生行为信息进行数据收集。以厦门六中为例，综合素质评价信息和数据的收集依托“天蛙学生综合素质评价管理系统”网络平台，学生高一入学后均需在系统平台上建立综合素质档案。评价记录要遵循如下程序：

（1）写实记录

建立学生成长记录制度，制定符合学校教育教学实际的学生成长记录册。指导学生客观记录反映综合素质评价指标要求的具体活动，收集相关事实材料（文字、照片、录像等形式），及时填入学生个人网络成长记录账本。

（2）整理遴选

每学期末教师指导学生整理、遴选具有代表性的重要活动记录、事实材料，做到材料真实可信、有据可查。高中毕业前，班主任指导学生在整理遴选材料的基础上撰写自我陈述报告和典型案例材料，并撰写简要评语，客观、准确地揭示每个学生的个性特点。

（3）审核公示

班主任及相关责任教师负责对学生录入的信息进行首次审核确认，除涉及个人隐私的信息外，每学期末在班级、公示栏、校园网等显著位置，公示学生的综合素质评价内容及佐证材料，确保材料真实客观。

（4）录入系统

学校教务处、德育处、教科室等部门分工负责二次审核学生的六个一级指标涉及的相关信息，每学期生成一份《学生综合素质评价表》。确认提交后，学生、教师和家长可按规定的权限查看相关内容，但不得更改。经过三方共同确认后，完成学生综合素质评价数据的收集工作。

4.4.4 应用信息技术

（1）构建开放式能力管理中台

为了开展市级区域的研究实验，本研究依托厦门市教育事务受理中心，构建区域开放式能力管理中台，以厦门市教育局为主体，建立了市、区（直属校）、区属校、年段、班级组织业务协同网络，实现全市组织图谱分级管理。可向全市各层级组织下发关系图谱，并可开放接口程序给第三方应用系统，同步规范数据标准。与此同时，组织协同共享中心、教育数据共享中心、开放式能力中心三大核心模块，将各区进行整体协同整合，结合相关引擎技术，全面融合各类智慧校园应用，形成智能化应用场景，实现市级区域的智慧校园系统集成（见图4-1），为区块链技术应用于综合素质评价提供软硬件的保障。

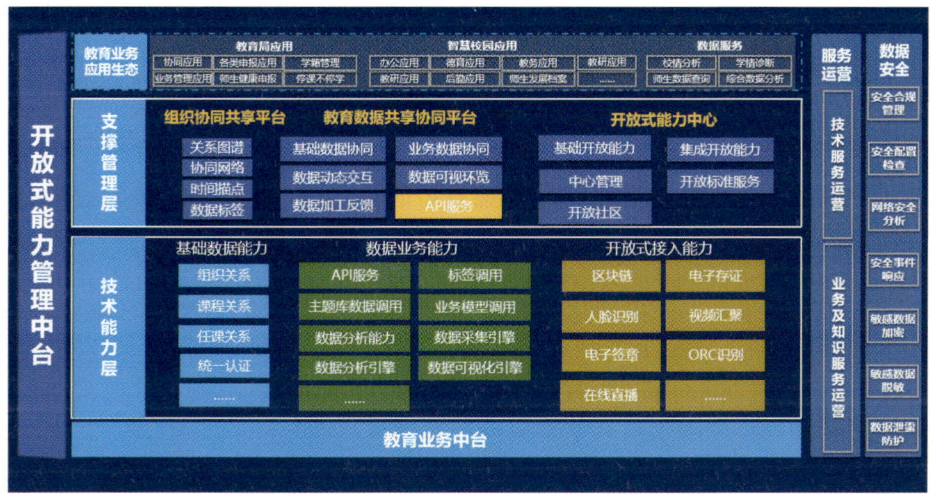

图4-1　开放式能力管理中台

（2）数据上链存证

在开放式能力管理中台赋能下，一是运用区块链电子签章功能，确保所有数据来源的真实可靠，并通过区块链记录评价过程日志，确保评价操作不可篡改；二是运用区块链存证技术，进行数字签名和哈希运算，将产生的哈希值通过哈希链存储并加权威时间戳，同时上传至区块链，保证其安全性和完整性，为电子数据提供可信、可查验、可追溯的服务（见图4-2）。

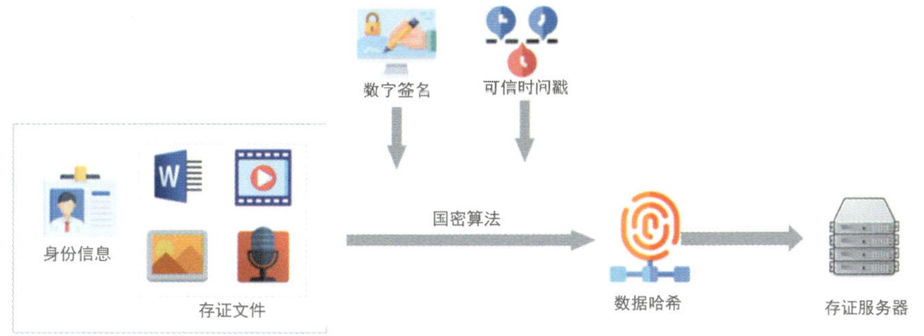

图4-2　区块链电子签章与上链存证

4.4.5 生成评价结果

构建基于区块链技术下高效可信的保障机制，同时完成了电子数据存证服务私有化部署和教育数据存证监管平台。整合身份认证、数字证书、电子签章等先进的技术，可将电子签章后的学生综合素质评价报告等数据登记上链存证，将关键教育数据和操作过程形成完整的相关性存证链，实现电子数据采集、固定、应用闭环，确保了电子证据的合法性、真实性、客观性。电子数据存证后，将出具由公证机构提供的《电子数据确认函》，生成区块链技术保障下的综合素质评价结果（见图4-3）。

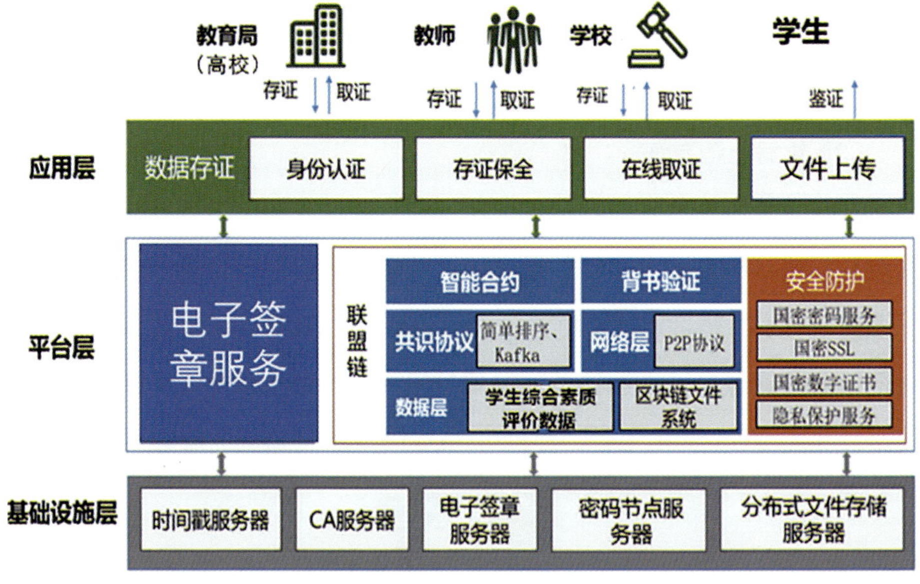

图4-3 基于区块链的学生综合素质评价系统框架

4.5 思考与展望

4.5.1 发挥政策导向作用，落实综合素质评价

综合素质评价要在高考中起实质作用，关键在于高考招生制度的改革，也就是将综合素质评价纳入高考招生评价体系。目前虽然有香港中文大学（深圳）、上海科技大学、南方科技大学等高校在福建省开展综合素质评价招生，但是高考分数仍然是录取的决定性因素，学生的综合素质评价档案在高校招生方案中提到的所谓“参考”，实际上只是中学和高校之间心照不宣的“形式”，要推动综合素质评价成为高校选拔人才的重要途径，势必要给综合素质评价赋予一定比例的分值或者一定分值范围内优先录取。例如可以考虑高考分数差距在一定幅度范围内的学生，按照综合素质评价指标量化所得成绩进行排序，择优录取。在政策试点阶段，这个成绩幅度不宜太大，可以考虑设置为2～5分；随着综合素质评价制度的不断完善，得到社会和家长的认可之后，逐步增加到6～10分，甚至10～20分，从而引导学生从“应试追分”转向全面发展。

4.5.2 明确高校主体地位，推动生涯规划教育

高校及院校专业组应成为综合素质评价的主体，根据自身对人才选拔需求制定综合评价指标，为基础教育阶段学生的综合发展提供方向。教育部基础教育二司原司长郑富芝曾经表示，综合素质评价用于招生时应由高

校来评价，即使同在一所大学中，不同专业也很难互相了解。[7]因此，在新高考背景下，不仅要发挥高校在录取中的主体性作用，还应该重视院校专业组对学生生涯规划的指导作用，提出相应的综合素质要求，使学生能够在基础教育阶段能根据个人感兴趣专业的要求提升个人综合素养，从而实现高校及其专业组的办学定位、培养目标、教育资源与学生的个性品质、兴趣特长、专业潜能的有效匹配，推动大中学生涯规划教育一体化。

4.5.3　构建省级数据平台，分配链上节点权限

省级教育主管部门应构建省级学生综合素质评价的区块链平台，合理分配链上节点对链上信息的管理权限。在高考实施分省录取的情况下，同一届考生的竞争对象都在本省，省级综合素质评价平台能有效保证省域内的综合素质评价数据来源的公平性和真实性。区块链包含公有链、私有链和联盟链，其中联盟链需经授权才能加入，既有利于提高运行效率，也能较好地保护隐私，适用于综合素质评价。省级教育考试主管部门可以作为审核节点，基层政府及其教育行政主管部门、高校、高中、学生及其家长、社区和社会组织获得相应授权，成为区块链平台的参与节点，享有级别不同的查询、记账权限。[8]区块链技术融入高中生综合素质评价，从某种意义上来说，形成了以政府为主导的家校社共育人才的良性教育生态。

本章参考文献

[1] 习近平在中央政治局第十八次集体学习时强调把区块链作为核心技术自主创新重要突破口加快推动区块链技术和产业创新发展[N]. 人民日报，2019-10-26(01).

[2] 杨现民，李新，吴焕庆，等. 区块链技术在教育领域的应用模式与现实挑战[J]. 现代远程教育研究，2017（02）:34-45.

[3] 胥月，马小峰.基于区块链的学生行为综合评价体系的研究与实现[J].信息技术与信息化，2016(12):131-133.

[4] 郑旭东，杨现民. 基于区块链技术的学生综合素质评价系统设计[J].现代远程教育研究，2020（01）:23-32.

[5] 吴春龙．基于区块链智能合约的高校学历认证系统的研究与实现[D].呼和浩特：内蒙古大学，2019．

[6] 肖建宏．基于区块链技术的高校企业实践教学管理系统[J]．现代计算机，2019(20)：96-100．

[7] 教育部基础教育二司解读高中学业水平考试和综合素质评价[J].基础教育参考，2015（03）:5-7.

[8] 管华，薛嘉晖.大数据和区块链技术在综合素质评价中的应用[J].教育与考试，2020(05):5-11+26.

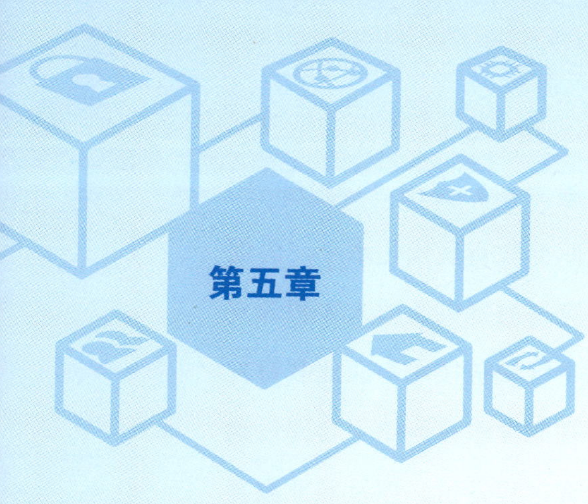

区块链技术与职业教育结合[1]

1 本章作者为思二勋。

《国家职业教育改革实施方案》提出“经过5—10年左右时间大幅提升新时代职业教育现代化水平，为促进经济社会发展和提高国家竞争力提供优质人才资源支撑”的总体发展目标。本章将区块链技术与职业教育发展相结合，探索区块链技术在职业教育网络平台建设运营、知识体系建设、职业教育过程评价，以及职业教育资格认证等过程中的作用和应用案例，为职业教育体系现代化、数字化的实现提供参考，为破解当前阶段职业教育数字化发展存在难题，提升职教人才培养质量和教育资源利用效率提供新模式和新方法。

我国高度重视职业教育，“十四五”规划纲要明确提出“增强职业技术教育适应性”，包括突出职业技术（技工）教育类型特色，深入推进改革创新，优化结构与布局，大力培养技术技能人才；深化职普融通，实现职业技术教育与普通教育双向互认、纵向流动等。构建数字化教育体系是适应教育行业高质量发展的必然趋势。2021年全国职业教育大会召开，会议强调提高技能人才待遇、畅通职业发展通道，增强职业教育认可度和吸引力。目前，不同的职业院校都在积极探索职业教育新平台、新模式，以此对教育资源进行整合与优化，实现教育资源、师资体系、用人机构、人才培养等协调发展，从而提高职业院校教学效率与教学质量，优化人才就业效率，提升全社会对职业教育的认可度。

5.1 职业教育发展现状

随着我国进入新发展阶段，产业升级和经济结构调整不断加快，各行各业对技术技能人才的需求越来越紧迫。此时，职业教育的紧迫性和重要性就愈加突出。发展高质量的职业教育体系既需要关注职业教育的发展困境、未来发展形态和发展模式，也需要考虑在数字化浪潮中，大数据、人工智能等数字技术如何与教育产业链有效结合，进而解决职业教育发展困境，升级职业教育产业链，推动教育产业数字化、智能化发展。

发展数字化职业教育是推动职业教育与产业融合发展的重要方式。目前，我国职业教育数字化发展处于初级阶段。虽然数字化职业教育平台建设在职业院校中应用广泛，但是在实现数字教育资源的开放共享与跨域流通时，也暴露出了一些问题：形式单一、质量良莠不齐、个性化较弱、自增长性不强、管理难度大、产权保护难以及开放性较差等。

教育部印发《教育信息化2.0行动计划》是我国在教育领域"适应信息技术特别是智能技术的发展"，"充分激发信息技术革命性影响的关键举措"。《中国教育现代化 2035》文件中提出加快一体化智能化教学、管理与服务平台建设。

教育是培养人的活动，其目的是让个体更好地适应社会，甚至能推动和引领社会的发展。面对人类社会发展的新趋势和新需求，促进教育变革，已经成为人们的共识和追求。

区块链作为驱动产业变革的关键技术之一，将区块链技术与职业教育发展相结合，既能有助于职教体系现代化建设，也能在一定程度上破解当前阶段职业教育发展存在的诸多问题，为提升职教人才培养质量、职业学校治理能力和教育资源利用效率提供新的方法思路。

5.2 区块链优化职业教育体系建设

5.2.1 职业教育平台协同共建，实现人才供需的全面协调

随着信息技术的发展，平台化商业模式逐渐成为主流，利用互联网、区块链、大数据、云计算等信息技术搭建的数字化平台，基于互联网的连接能力、大数据的分析能力、区块链的可信能力和云平台的共享能力，更利于实现教学资源的共建、共享与共用，以及人才培养的透明、真实、可信等。在此基础上，更便于将广泛的学习资源、师资力量、学生群体、用人机构等多方角色实现连接与交互。

其中，区块链技术的本质是基于分布式账本，最大的特点是去中心化，基于分布式账本的所有数据信息都被记录在去中心化的节点之上，并经过多中心的验证与存储后，最终实现系统的安全存储和数据的不可篡改等。职业教育平台在建设时充分利用区块链技术，不仅能保证平台资源的可信，同时也保护其成果不被恶意抄袭。同时，基于区块链的分布式架构及其分布式网络，更利于平台建设时多角色参与和协作。

因此，在职业教育平台建设时，基于区块链的分布式网络，设计多个协作节点，节点接入服务组织或参与者，通过节点管理符合准入条件和审批程序的机构、专业组织、企业，甚至个体共同提供职业教育服务，丰富生态资源和参与角色的多样性，提高资源整合、共享与流通效率，从而打造全民共享的“数字化职业教育”平台。

分布式网络，通过搭建区块链P2P对等网络，借助平台提供的计算和存储资源，实现区块链敏捷网络的快速部署和构建，为上层应用和中层管理提供基础。

节点管理，平台通过管理区块链节点，接入节点资源，分配运行资源。节点管理具体包括：节点及链的准入原则、节点资源部署以及基于节点权限的节点启停和升级管理等。平台能够对节点及链的准入、部署、启停、升级操作提供支持，用户可以通过图形界面实现节点及链的创建、启停、状态查询。

例如，以联盟链的形式，将职教体系参与方的职业院校、行业协会、企业及各种团体或个人联合起来，建立教学资源共享平台，为实现职业院校校际资源和信息共享的“双赢”模式提供了可能性。同时，也可将职教体系中的优秀示范职业院校和行业企业中的专家作为教学资源库建设的审验节点，其他参与的院校企业可作为监督者，共同参与技能培训和教学资源的合格认定。如此，既能提升平台教育资源的质量，也能提升评审效率。

此外，平台在课程设计、师资力量引入、人才方向的培养等方面都可充分结合市场需求和企业需求，使得平台的职业教育更有目的性，企业方也能招聘到更加匹配的高质量人才。同时，平台也通过开放接口允许企业或机构查验学生知识技能水平、学习经历与实习经历，实现人才招聘需求与应聘者学习能力的高度吻合，促进人才供需的全面协调。

以职业教育领域学分银行建设的学银链为例，首先，不同院校可以基于区块链（学银链）形成广泛、高效且有内在需求支持的联盟，例如1+X试点的成员单位；其次，围绕学银链的运转，联盟可以不断增加对学习者个人学习成果的存储、转换等体现区块链技术特点的服务内容，高频、有公信力的知识转换需求将促进联盟成员更加开放；最终这些区块链支撑的学生过程性数据可以形成学习者个人的终身学习档案，实现与劳动力市场用人需求的快速匹配和反馈。

5.2.2 职业教育过程多方参与，提升知识体系的规范性

职业教育的根本目的在于提升学生全面化、专业化的知识素养，而其中的关键在于吸纳更专业且全面的师资力量，构建更全面的知识体系。因此，在课程的规划与设计、调研与分析、起草与审定以及发布与更新等网络教育课程或知识体系的建设中，引入多个相关参与方，打造全民参与、协同共建的一体化教育系统，促使教育走向全面开放，以提升职教课程设置的规范性、全面性和科学性。

在此过程中，以联盟链的形式构建多方参与的课程设计体系和机制，实现教育资源和教育成果的多方沉淀、共享和应用。

基于联盟链的多方参与系统建设，不同机构间形成一个“联盟”，允许联盟内的组织成员在区块链上进行业务或资产的交易，通过对多中心的互信来达成共识，而对于链外的其他机构成员具有严格的准入和权限控制。联盟链上的读写权限、参与记账权限按联盟规则来制定。整个网络由成员机构共同维护，网络接入一般通过成员机构的网关节点接入，共识过程由预先选好的节点控制。一般其共识机制多采用PBFT（Practical Byzantine Fault Tolerant）、RAFT等共识算法，而且在节点准入、隐私保护、性能效率等方面具有更大的优势，联盟链的建设更利于高质量课程体系和知识体系的打造。

5.2.3 职业教育过程监控与记录，保障学习过程的真实性

利用区块链的公开可溯源和不可篡改等技术特点，将学业数据存储在

具备资质的教育机构或培训机构的云服务平台上，该学业数据包括：受教育活动、学习行为及学习成果、实训经历、实习工作表现等。此外，利用区块链技术，学习者的学习过程（包括学习类型、学习时长等）也会被精准记录在节点上，并且存储在联盟链中多个相关主体的账本中。这种模式既有利于跟踪学习者的学习记录，又有助于监督学习者的学习行为。基于学业数据的分布式存储能够实现职教过程及结果数据的准确记录，可永久记录、储存学习者在人生的各个阶段、各种场所以各种形式接受职业教育的过程经历和学业数据，形成个体学信大数据，极大地提升学生职业经历真实性。

最后，在平台建设时，通过嵌入智能合约完成教育契约、学历证明及职业资格存证，能够实现各类职业资格证书的永久保存和随时调取，减少因丢失、伪造、冒名顶替等行为带来的企业、学校和学生个人风险损失，以更为便捷有效的方式完成职业资格主体的真实性认证，降低社会用人单位的员工招聘和雇佣成本 。

基于区块链的分布式数据存储系统建设，区块链的本质是一个分布式数据库系统，该系统具有难篡改、可追溯、系统稳定等技术特征。在存储结构方面采用链式存储结构，使系统数据安全，难以篡改；在数据安全方面，使用数字签名和时间戳技术，对于每条数据都记录其出处和生产时间，保证数据存储安全性和可追溯性。

基于智能合约的教育契约设计，智能合约全生命周期管理一般包括上传、发布、安装、初始化、权限设置、升级、启动、调用、监控等功能。平台基于标准化智能合约，预置学习过程记录、数据确权、证书追溯、信息调用等通用模板，促进职业教育过程及成果的共享与共用。

5.2.4 职业教育结果多方认证，提升资格认证的有效性

一般职业教育平台的资格审查、结果认证等过程需要师生、管理者等多方角色共同参与资格认证，以提升认证的公平性和有效性。由于区块链写入数据不由单一主体单方控制，经过多方验证达成共识，才能写入存储。在认证的过程中，平台可以开放接口允许验证主体依托区块链存储对记录的不同阶段、不同学校、不同教育项目及学习过程中的学习成果信息进行核验，不同的验证主体需要对证书或教育结果信息真伪进行验证。一方面，可保障证书的真实性，使学历鉴定更可靠、认证更高效；另一方面，可显著降低采用传统方式认证学历过程中人工完成受理、审核、查验、发证等操作的大量时间和人力等成本 。

例如，基于学银链开发专业类的DAPP，能实现各类数据去中心化的汇集、共享与利用。在这个过程中，平台通过构建学习成果互认模型，实现学习者存入学分银行的基础数据与可互认成果数据的自动匹配。

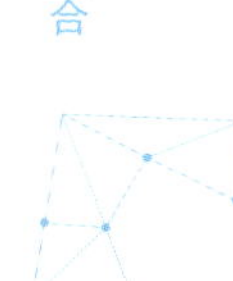

5.3 区块链应用实例——学分银行

网班学分银行在线教培系统（别名：EDC教育链），是区块链技术在教育培训领域的引领性落地应用，采用区块链的分布式记账技术，结合教育学分Education Credits Hours 的通证分发机制，基于学习者在各教培机构进行学习的学时数授予其学分，从而为学习者建立了一个客观的、不可篡改的数字化学历记录。

教育区块链学分银行与各类正规职业培训、技能培训、艺术培训等非学历教育机构合作，为学员发放学分，并通过通证Token方式实现对学习者的终生学习记录。即：所有学习者在参加培训学习后，都能获得记录在教育链上的学分，学分数量由学时数而定。学员可实时调阅，形成自己的学历记录档案。

证书上链，把学习者在不同领域、不同机构、不同时期的学习证书数据加密后标记在区块链上存证，该应用充分地利用了区块链的技术特点：

（1）分布式存储、互信机制，区块链上的数据采用分布式存储机制，各个节点数据同步一致，技术上确立了可靠的信任机制。

（2）数据安全、不可篡改，区块链由于采用基于时间序列的数据打包（数据块）存储方式，一旦记录确认，数据便不可篡改。同时，区块链上的账户及数据都可采用Hash算法、各种秘钥及非对称加密技术，确保数据的安全。

（3）永久保存、随时核查，基于上述分布式存储及数据块的存储特点，加上众多数据节点在全网的分布，使区块链具有永久保存的特点，且数据经秘钥授权后即可在任何节点上进行核查，方便数据资源的共享。

（4）数字资产、信用存证，区块链上的数据以交易方式进行记录，可以实现数字资产的记账。链上数据的记录，可以成为可靠的资讯存证及信用存证。

在相关应用案例方面，美国麻省理工学院（MIT）的毕业生已经能获得基于区块链技术的学历。

学分上链，在学员获得阶段性成果（结业或通过测验等）后，每一个学时的课程培训将获得一个学分，同时获得一个学习券。此外，学分银行的部分联盟机构接受学习券作为报名缴费时的优惠凭证给予一定的学费抵用，作为对热爱学习的学习者的奖励。学习者参与了教培机构的培训学习，结业后将由培训机构发给相应的结业证书或资格证书，同时获得由教培机构采用其专属的学分银行系统颁发的学分。学员在各个教培机构的专属学分管理界面上，可以进行注册、登录、证书及学分查询等操作。

教育链的通证学分发放的示意图及系统架构图如图5-1所示。

就学生而言，“学分银行”适合职业教育边实践、边学习的学生，职业学校设立“学分银行”，学生可以半工半读 ，工学交替，学完一门功课，可将拿到的学分存入“银行”，工作几年回来后可以继续学习，学完一门得一门的学分和课程证书，累积到规定学分总数后即可“支取”相应学历。

此外，学生也可以将已获得的各类学习证书、获奖证书等上传到教育区块链学分银行平台，经过核实后在区块链上存证。“教育区块链学分银行”有利于调动学生积极性，有利于各类教育资源的互通和利用，有利于全民教育、终身学习。

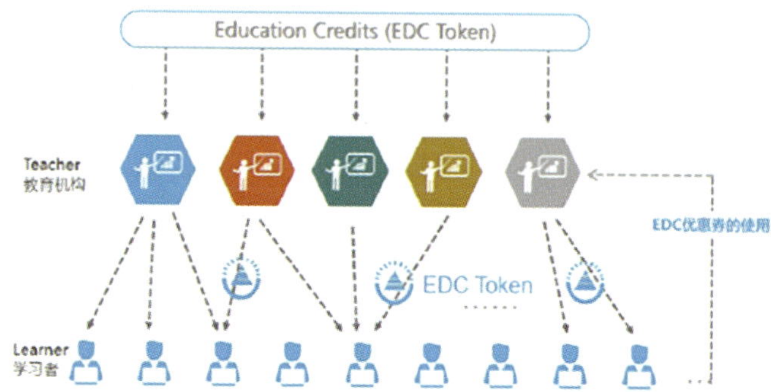

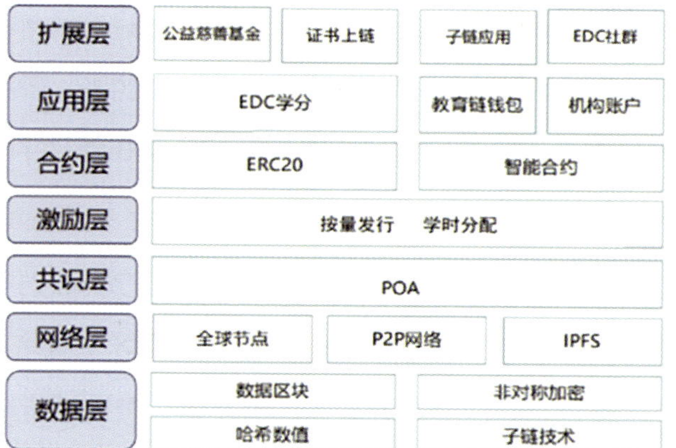

图5-1 通证学分发放示意图及系统架构图

本章参考文献

[1] 全立新，熊谦，徐剑波.区块链技术在数字教育资源流通中的应用[J].电化教育研究，2018，3（8）：78-84.

[2] 叶蓁蓁，等.区块链应用蓝皮书：中国区块链应用发展研究报告[M].北京：社会科学文献出版社，2020.

[3] 袁亚兴.基于“互联网+”的职业教育学分银行支撑平台设计研究[J].中国电化教育，2021.04.

[4] 薛新龙，史薇，原珂，李博.区块链技术在职业教育现代化进程中的应用场景探究——基于国外教育区块链项目的案例分析[J].中国电化教育，2020，(7):58-63.

[5] 李旭东，曾艳英.基于区块链技术的终身职业教育体系构建[J].职业教育，2018，39(34):19-24.

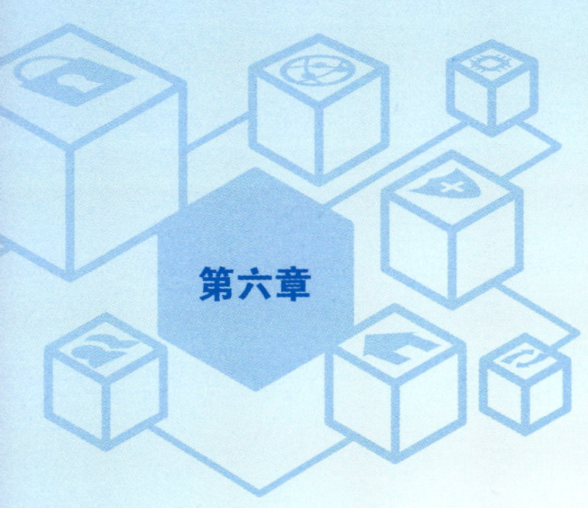

区块链智慧教育数据存证平台[1]

1　本章作者为戴鹭坚、欧少峰，物思大数据智慧赋能中台提供本章节技术支持。

近年来，区块链技术在各行各业的应用越发广泛。但在当今教育体制下，区块链在教育体系上的应用还处于探索阶段。本文通过阐述“基于区块链的智慧教育数据存证平台”这一项目实施情况进行实践案例简述，探索教育数据价值的挖掘分析和再利用的方法与路径，满足教育管理部门监管监测、评估评价和决策支持的实际需求，从而提高厦门市教育公共服务能力。

6.1 区块链数据存证应用背景

自从《教育部办公厅关于开展信息系统安全等级保护工作的通知》（教办厅函〔2009〕80号）以来，各地市教育局陆续开展信息系统安全等级保护的基础设施建设及等级保护测评工作，在物理安全、网络安全、主机安全、数据安全等方面不断地加大软、硬件投入，已经初步具备抵挡“外部”网络攻击的防御能力。但是如何采用先进的技术手段，对教育内部信息系统的信息进行安全保护，并且能对内部使用人员、系统开发商、系统运维方等内部使用系统人员进行安全监管是当前教育信息防护面临的重要问题。

教育信息系统里的核心数据具有重要的政治、经济价值。近年来，全国各地不断爆发出学生信息、教师信息、家长信息、教职机构信息等教育信息泄露事件，经事后分析，有很大部分是由内部人员或系统供应商造成的。防止、制止以非法手段盗取、修改、删除信息系统数据的违法行为发生成为厦门市教育局信息部门对信息安全审计监察工作的一个重要职责，对重要信息数据的监管使用、保密管理工作也成为当前厦门市教育局信息管理面临的重要挑战之一，在此背景下，探索区块链技术在教育信息化系统建设中信息安全防护的应用就显得尤为重要。

因此，物思大数据在搭建“i教育综合服务平台”时，接通并使得平台全面依托厦门统一身份认证系统，实现两平台的互信互通，为师生实名身份认证打下了殷实的基础，同时也为之后各类业务应用所使用的真实身份提供基础支撑。

但为了提高厦门市教育应用系统数据的安全性、公开透明、可追溯、不易篡改等特性，物思大数据认为，应当融合数字签名、电子签章、证据公证等区块链技术手段，并且基于区块链智慧教育数据存证平台项目，可以大大提升和有效支持教育领域公开透明、公平公正的数据存证体系，提高厦门市教育行业公信力。

6.2 区块链智慧教育数据存证平台

基于区块链的智慧教育数据存证平台是由区块链平台、电子数据存证服务私有化部署、教育数据存证监管平台三大部分组成。

6.2.1 智慧教育数据存证平台架构

该平台是完全自主研发的国产化区块链平台，符合“信创”体系国产化要求，支持跨平台的应用部署，系统支持在国产服务器及国产化操作系统环境下部署运行。

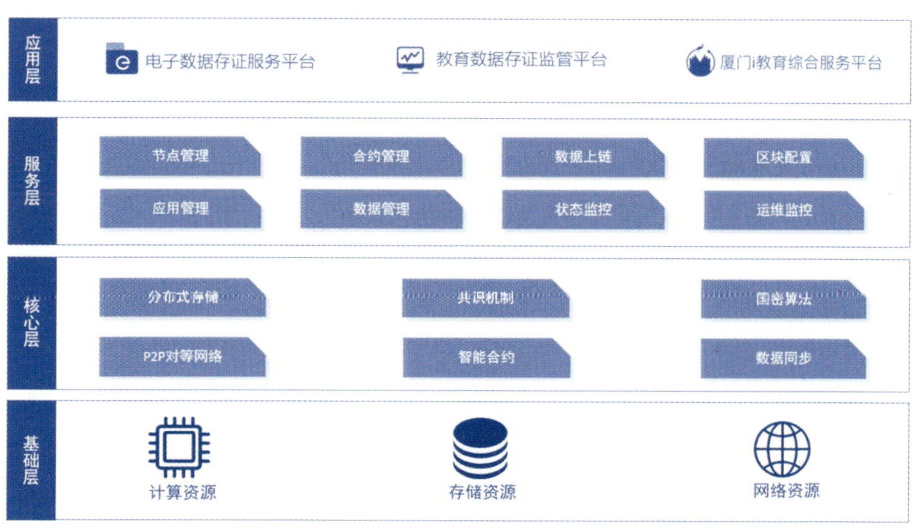

图6-1 平台架构

基础层：教育局为区块链平台提供计算和存储资源，通过搭建区块链P2P对等网络，实现区块链的快速部署，为上层应用打下基础。

核心层：区块链平台通过集成分布式存储技术，采用先进的共识机制和国密算法，保障区块链平台和存储数据的安全，结合建设智能合约，实现区块链运行的智能化，数据同步技术可保障每个节点的数据高度一致性，保障数据安全。

服务层：区块链平台为上层应用提供节点管理、合约管理、数据上链、区块配置、应用管理、数据管理、可视化监控等服务。

应用层：区块链平台作为可信数据存证的支撑平台，以API服务方式为电子数据存证服务平台和教育数据监管平台提供可信、不可篡改的数据存储环境，同时也为厦门i教育综合服务平台提供区块链支撑，保障其试点应用的数据可信和安全。

6.2.2 智慧教育数据存证平台功能

智慧教育数据存证平台功能有智能合约管理、应用管理、节点管理、区块生成策略、证书管理、数据管理、可视化监控等。

（1）智能合约管理

智能合约全生命周期管理，包括上传、发布、安装、初始化、权限设置、升级、启动、调用、监控等功能。

智能合约部署：合约源码上传一次即可，不再需要逐一上传到每个节点。新节点加入区块链网络后，可以从账本中直接获取合约代码，不再需要上传。合约部署及升级引入了投票机制，满足投票通过条件后才能部署生效。

合约部署流程如图6-2所示：

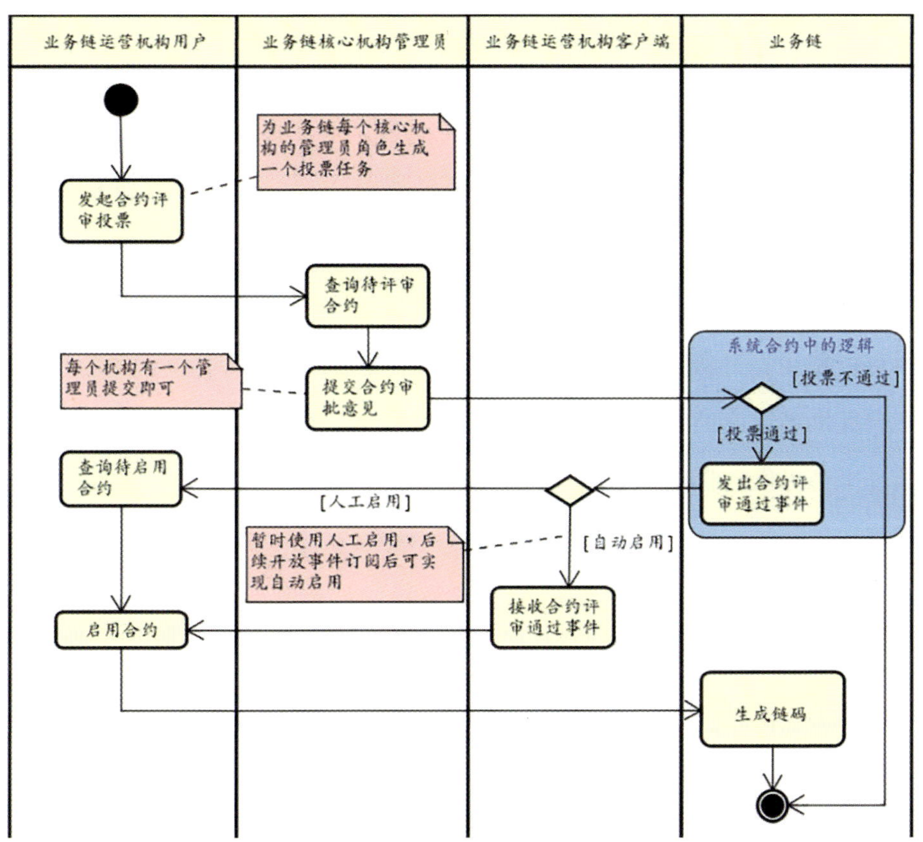

图6-2　合约部署流程图

智能合约启用：根据区块链服务平台的能力，用户可以上传源代码形式的智能合约，也可以上传编译好的二进制智能合约到平台上。用户上传的智能合约被存放在平台上的用户个人智能合约库中，需要用户将智能合约发布到区块链上，才可以被该区块链上的其他成员审核和使用。用户发布智能合约时，也可以设置该区块链中的哪些参与方可见，对智能合约的使用权限做相应的控制。

在线审核功能一般针对以源代码形式上传的智能合约，区块链上的各个成员可以对智能合约的源代码进行检查，确保各项功能正确无误。对具有智能合约商店的区块链平台，用户可以从智能合约商店购买智能合约。用户购买的智能合约也被存放在平台上的用户个人智能合约库中。以后的使用也遵循发布、审核、安装、初始化的流程。

在合约初始化的过程中，用户不仅可以初始化合约内容，对合约的背书策略、安全策略也可以进行相应的设置。合约升级过程中，要保证原合约可以使用。升级过后，新合约可以查询到历史数据。对于合约的权限，平台提供多维度的权限管理，例如方法级权限、数据级权限等。用户可以通过平台提供的接口或者网页，查询合约的运行日志，分析合约的运行状态等。

智能合约的升级也是相同的管理流程，只是此时用户使用的是更新版本的智能合约。

智能合约调用：区块链的去中心化与不可篡改的特性给智能合约提供了一个很好的发展环境，区块链平台提供智能合约编程的接口。针对合约调用的问题，提供一个使用简单、运行高效、安全的合约调用方式。

智能合约升级：所有的记账节点需安装该智能合约，然后对任意一个记账节点执行记账智能合约升级操作。如果有未安装新智能合约的记账节点，无法使用新智能合约的业务，旧的智能合约业务也无法使用（无法落账）。未部署智能合约的记账节点，记账节点便只有记账功能，即正常同步区块，但如果想做相关业务，就要部署相应的智能合约。

（2）应用管理

为了方便用户对应用场景和区块链的快速结合，我们可以根据不同的区块链框架制定专业的api server，用户只需要根据配置信息修改自己的应用配置即可与区块链进行结合，信息进行上链。同时也提供SDK的专业化定制。

（3）节点管理

平台能够为区块链节点分配运行资源，能够在不同的链和节点之间进行安全隔离。平台能够对节点及链的准入、部署、启停、升级操作提供支持，用户可以通过图形界面实现节点及链的创建、启停、状态查询。

（4）区块生成策略

支持动态配置区块生成策略，可按照区块链交易或时间配置区块动态生成规则，以保障区块链网络的稳定性，并节省硬件资源。

（5）证书管理

平台使用厦门CA的电子认证体系向联盟成员及其用户颁发基于PKI的证书。每个联盟成员都配有证书（CA），负责向联盟方成员颁发根证书RootCA。根证书RootCA会存放到区块链上，根证书上链后即表示该成员成功加入到联盟链中。联盟成员使用根证书RootCA为记账节点、排序节点、sdk、客户端颁发子证书，实现对节点和成员的授权和管理。

（6）数据管理

数据管理负责对节点基本信息、节点资源信息、通道资源信息、区块信息进行采集和管理，为网络的运行监控、用户使用管理提供数据支持。其中，节点基本信息管理包括节点组织网络基本信息的信息管理；节点资源信息管理包括节点磁盘、应用容器等运行信息的实时状态信息管理；通道资源信息管理包括对每个用户的存储空间使用量、计算资源使用量等实时使用信息的采集和管理；区块信息管理包括对每个应用的落块情况的信息采集。除此之外，考虑到公共节点各应用服务的吞吐量（TPS）、交易并发量等因素，对这四方面的信息采集进行调优，防止对线上交易进行性能

的影响。

（7）可视化监控

提供上链的所有业务信息生成Hash，并在首页动态展示当前业务执行情况。看链上业务详情信息，包括业务数据Hash、区块号、时间、业务详情、上一区块号。支持链上业务数、系统用户数、区块数的实时展示。实现节点监控、区块监控、节点配置、合约管理、交易数据查看、业务数据可视化、监控系统报警等。提供多种日志以及日志分析工具，包括不限于系统健康检查、网络监控、节点监控等。日志级别准确分为提醒、预警、异常等级别。

6.3 电子数据存证服务私有化部署策略

6.3.1 底层框架设计

电子数据存证平台，是整合身份认证、数字证书、电子签章等先进的技术手段，将传统的线下公证服务搬上互联网，实现了电子数据成为证据的可能，具备线上、线下同步出具公证书；针对不同应用场景提供个性化、定制化的公证法律服务。

存证平台提供全流程存证服务，系统可将签章后的评价报告等信息登记上链存证，将关键教育数据和操作过程形成完整的相关性存证链，实现电子数据采集、固定、应用闭环，确保了电子证据的合法性、真实性、客观性。

电子数据存证后，将出具由公证机构提供的《电子数据确认函》，用户可通过调取电子数据确认函下载与查看接口，进行电子数据确认函下载与查看。必要时（如出现纠纷，需要诉讼或者仲裁时），可持电子数据确认函及企业相关信息，向公证处申请综合性的公证法律服务。

（1）电子数据存证平台核心特性：快速便捷，存证后平台自动生成，足不出户即可出证；证明力高，进一步提升电子数据证明效力；扫码查验，扫描二维码可跳转至公证处进行存证查验（图6-3）。

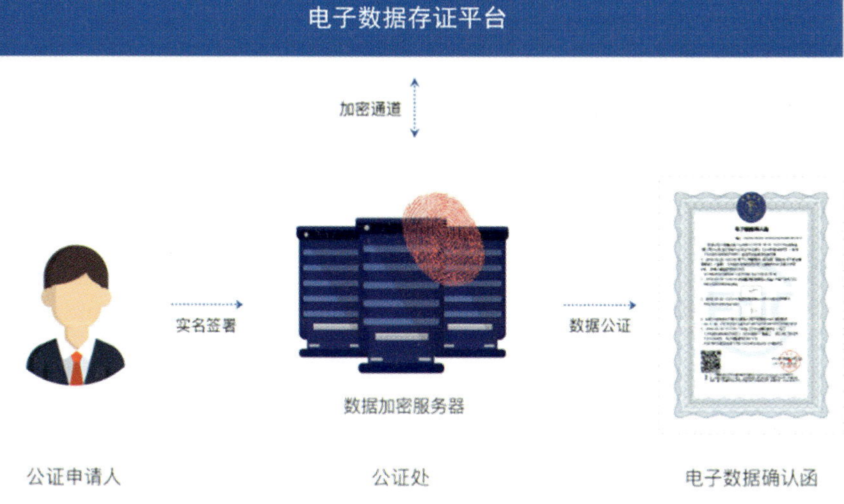

图6-3 电子数据公证流程

6.3.2 系统功能模块设计

（1）存证信息管理模块设计

教师评价信息，平台以教师评价应用为抓手，将教师评价过程、评价结果等业务数据，通过身份认证、电子签章、数据存证等技术手段，将签章后的评价报告登记上链存证，将关键教育数据和操作过程形成完整的相关性存证链，提高教师评价的效率和公信力，为平台模块的全面应用提供安全、可信的保障依据。

平台引入电子签章系统，可将教师评价过程从线下办理转变成线上办理，实现评价过程无纸化，避免因材料打印而产生的资源浪费，减少人工盖章的烦琐流程，有效提高评价过程流转速度，提高办事效率。同时教师评价过程数据、结果数据可通过技术手段实现多方认可，评价过程全程留痕，评价信息可追溯。

学生资助信息，平台提供学生资助信息区块链数据存证，可将资助学生信息实时上链存证，将关键的申请数据和学生资助过程形成完整的相关性存证链，实时上链存储，提高学生资助信息的公信力。系统还明确记录了不同类别学生的资助信息，包括综合类资助申请、高校资助申请、中职资助申请、普通高中资助申请、义务教育资助申请及学前教育类资助申请等六大类资助过程信息。

教师基础信息，平台将面向全市教育局及各下级学校单位，实时采集各大学校的教师信息进行存证保全，方便对各机构的教师信息进行管理、查询及统计。教师基础信息包括教师姓名、身份证号、身份类别、最高学历、参加工作时间、所在机构、教师的职称及综合评价记录。

学生基础信息，平台将面向全市教育局及各下级学校单位，实时采集各大学校的学生信息进行存证保全，确保这些凭证数据可安全可靠地存储、查询及统计。平台记录了各大学校的学生学籍信息，包括学生姓名、学籍号、身份证号、联系人、联系电话、学校及家庭情况等信息。

（2）数据上链存证方式

本项目提供哈希存证、数据原文存证、文件签署流程存证三种存证方式。哈希存证，将上传的电子（如语音、图片、文档、影片等）数据进行数字签名和哈希运算，将产生的哈希值通过哈希链存储并加权威时间戳，同时上传至区块链，保证其安全性和完整性。

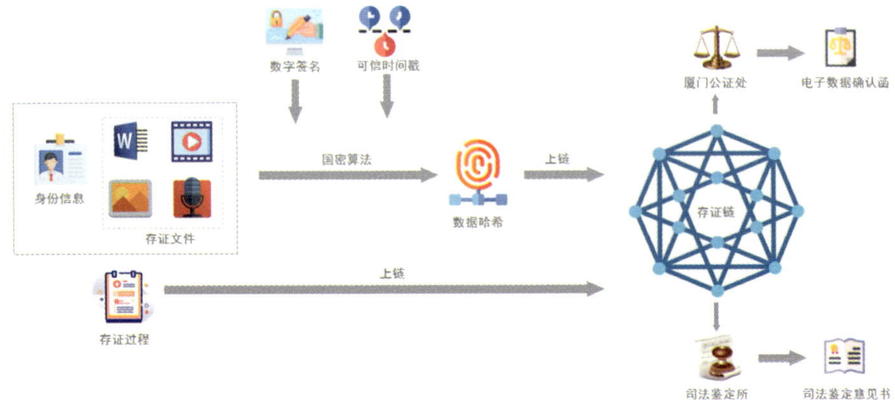

图6-4　哈希存证流程

原文存证是指将教师评价信息、学生资助信息等教育相关电子数据以原文的形式进行存证，上传至区块链各节点存储，可选择使用加密方式存储，上传者使用私钥/公钥对原文进行加密，并对上传数据进行数字签名，保证了上传数据的私密性，同时可选择上传至公证处或司法鉴定中心进行原文公证或司法鉴定，保障了原文的合法性。

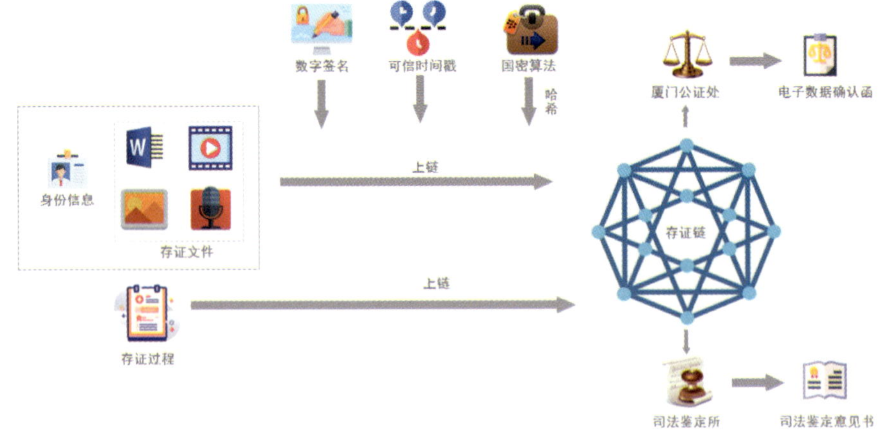

图6-5　原文存证流程

文件签署流程存证，针对须双方或多方签署的文件可选择此方式进行全流程数据存证，采用数字证书方式对双方或多方身份信息进行核验，对数字签名/电子签章后文件及签名/签章信息进行哈希算法运算，同时附加可信时间戳信息，数据上传至电子数据存证平台，支持数据公证和司法鉴定两种司法存证手段，保障数据的合法性和安全性。

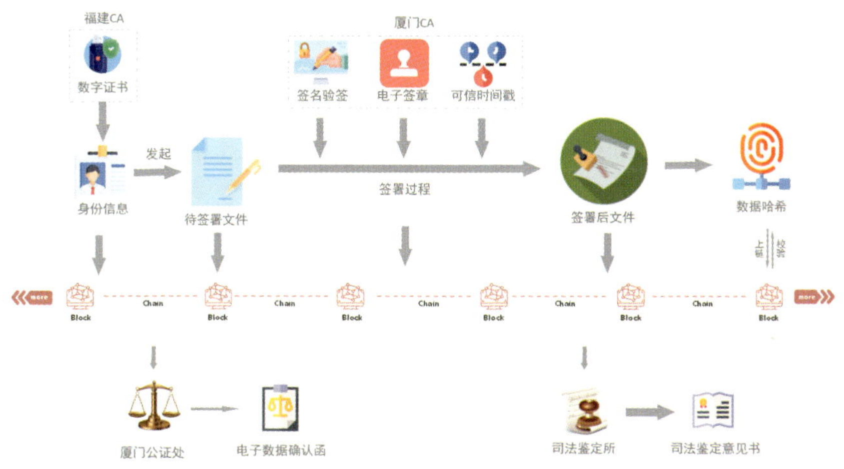

图6-6　文件签署流程存证

（3）电子数据存取有效性

在电子存储时就可以将关键要素信息固定下来，凭借区块链分布式、去中心化无法修改的特性，可以保证在未来任意时间验证电子证据的原始性、完整性。

区块链系统具有难篡改、难抵赖、可追溯、系统稳定等技术特征：使用对等网络技术，每个节点都无差别储存一份数据，具有良好的崩溃容错；使用哈希嵌套的链式存储结构，保证每个区块内容的更改都需要更改其所有后序区块，使系统数据安全，难以篡改；使用数字签名技术，对于每条数据都记录其出处，不可抵赖；使用合理的数据模型，使每条数据的流转

都可以追溯到源起；使用时间戳技术，对于每条数据的生成时间有明确认定；使用内置智能合约，对于每类电子数据自动识别和处理，减少人为干预。区块链电子数据存证，可以规范数据存证格式，保证数据存储安全，保证数据流转可追溯。

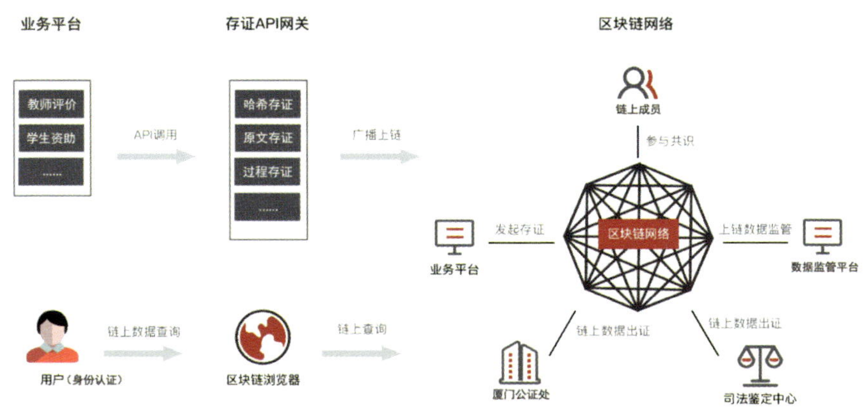

图6-7　数据存证服务流程

电子证据的取证过程有别于传统取证方式，是一个技术发现的过程。一般来说，在取证时不仅需要有电子物证司法鉴定资质的机构和鉴定员来取证，还需要专业的律师共同进行，以保证技术的可行性和取证的合法性。电子证据脆弱性、易变性等特征决定了其取证原件较困难，真实性难以保证。因此，电子数据取证需要解决两个问题：一是如何获取电子数据原件；二是如何保证获取电子数据的真实性。

基于区块链的电子数据存证平台里的数据都经由参与节点共识，并且独立存储，互为备份，存储在符合要求的区块链电子数据存证系统中的数据均可通过技术手段认定为原件。账本具有难丢失难篡改的特性，记录了数据来源、数据时间戳、数据的流转过程等，可用以辅助电子数据的真实性认定。

目前电子证据的示证方式通常采用传统的书证形式，即将电子证据快照并进行纸质化。通过打印、公证等方式转换证据形式会增加当事人的时间、资金成本，阻碍诉讼效率的提升。转换成书证之后，电子证据的灵活性丧失，让丰富的证据形式变得单薄，缩小了当事人之间质证的空间。

基于区块链的电子数据存证示证可采用两种方式以降低示证过程的时间和人力成本，提高诉讼效率：一是可以采用智能合约自动取证示证和区块链浏览器示证的方法，采用自动化标准化的流程进行电子证据示证；二是可以将区块链存证、司法鉴定和公证电子证据出函流程打通，由多方参与示证。

（4）电子数据存证时间有效性

调用厦门CA提供的可信时间戳服务，为电子数据提供可信、可查验、可追溯的时间戳核验服务，电子数据时间戳可被核验。

（5）数据规范管理

对电子数据文件进行分类管理，包括数据信息、图片信息、文件信息等，保障上链数据格式的规范性。

（6）出证服务

支持公证处、司法鉴定机构对存证的数据内容出具司法证据报告，包括出具《公证书》《司法鉴定报告》。上述报告客观、公正、真实、规范。

6.4 教育数据存证监管平台设计介绍

6.4.1 首页-存证业务数据统计功能介绍

用于对教育数据存证信息进行实时监控及统计分析，管理员能够实时了解全市教师情况、学生情况、教师评价及学生资助情况。可对接入的数据进行实时监控，实时监控各节点数据接入情况；对接入的节点进行有效性监控；可监控各节点上报的数据是否出现异常情况，并能够实时进行预警。可对存证信息情况进行有效监控，实时了解各数据上链情况。若出现异常情况，系统还可实时发出预警，提醒相关人员及时处理。

6.4.2 存证数据查询

教师综合评价信息及学生资助信息上链存证后，根据实际需求支持由厦门市公证处出具有效的存证证明文件《电子数据确认函》。电子数据确认函上将记录机构存证保全的内容信息，包括存证机构、存证时间、存证类型、学生资助申请过程信息、教师评价过程及结果等信息。系统提供三种存证保全方式“哈希值存证、原文件存证、全流程存证”，依照实际数据可产生不同的电子数据确认函。

电子数据确认函上将记录机构存证保全的内容信息，包括存证机构、存证时间、存证类型、学生资助申请过程信息、教师评价过程及结果等信息。存证平台提供电子确认函搜索窗口，平台使用方可按照创建日期、确认函号、接入平台名称、企业名等信息搜索电子确认函。

6.4.3 接入方申请及审核

用于对接入方信息进行管理及审核，必须经过认证的合法接入企业才可进行系统对接，由系统管理员进行最终的审核确认。系统记录接入方平台信息，包括平台的开发商、开发商基本信息、开发架构、联系人、联系电话等信息。

记录存证机构的申请信息，包括申请机构的机构名称、统一社会信用代码、机构联系人、联系电话等信息，并对存证机构的身份进行核验，核验通过后机构信息为正常。若存证机构出现异常情况，管理员可及时将机构状态更新为冻结。

6.4.4 数据实时监控

可实时监控在线用户情况，用户的主机IP、登录地点、浏览器、操作系统、登录时间等信息，若发现异常情况，还可实时对用户进行强制退出处理。

服务实时监控，可以对所管理服务器的信息、CPU、内存情况进行监控；并对服务器的性能进行整体监控，及时定位异常的资源使用或异常的服务器，快速进行问题排查和解决。

6.4.5 区块链监控

（1）区块链监控

区块链监控模板负责对区块链网络和节点的运行状况进行监控，可以查看网络拓扑图、安装智能合约信息。

（2）警告管理

对系统中比较严重的情况如节点异常、网络异常（后期会增加机器故障）等情况通过告警来提示用户。

表 6-1　监控模块表

监控模块	监控内容
全局监控	节点数量
	节点类型
	智能合约数量
	网络状态
	区块高度
	区块平均大小
	上一区块产生时间
	交易总数量、失败数
	节点详细信息
	TPS
信息监控	最新区块列表
	最新交易列表
	区块详情
	交易详情
硬件监控	节点 CPU 占用情况
	节点硬盘占用情况
	节点内存占用情况
	节点网络进出总流量

（3）平台区块链网络列表

平台区块链网络列表，可以监控每条业务链的状态。基本信息包括业务链的节点数、状态、创建者、管理组织描述。也可以启动、停止、删除业务链，还可以根据名称、状态、创建者和组织查询业务链。

（4）新增区块链网络

新增业务链网络的页面，只需要填写网络名称、节点数、管理组织和描述信息即可一键创建区块链网络。刚刚创建的业务链会自动启动，在监控前台可以查询得到，等待创建的网络状态为已启动后，即可对区块链网络进行后续操作。

（5）节点拓扑图

在网络列表页面点击名称，即可进入创建业务链总览页面。可查看整个网络的拓扑结构图。

（6）节点明细图

可查看每个节点的详细信息，包括节点名称、节点URL、IP地址和端口信息、节点状态，还可以查看节点当前日志信息。此外，每个节点对应的CA服务地址也可以看到，还可以下载CA证书。

（7）通道信息

可以看到通道类区块链的块高度、区块链上部署的智能合约数量、通道包含的节点、各个节点部署的智能合约的详细信息。

（8）服务器资源监控

收集系统中运行的状态数据，并且可视化地呈现出来。包括系统中的比较底层的机器资源（CPU、内存、硬盘）使用状况等，通过可视化监控可以实时了解整个区块链系统的状态。

（9）区块链浏览器

区块链浏览器可以让用户查询区块链高度、交易数量、区块详情、交易详情等区块链细节信息，帮助用户更好地了解区块链运行状态以及进行相关开发调试。区块链浏览器有相应的权限控制，自己搭建的区块链信息自己查看，以免用户信息泄露。

6.3.6 系统管理

用户管理：用于建立系统中的登录用户信息，必须建立用户与人员间的关系。系统记录了用户的基本信息、手机号码、所属部门等信息，并可进行用户状态管理。

角色管理：角色是权限的载体，赋予角色的权限可以继承给隶属于该角色的部门和用户。也就是说系统中用户所拥有的权限集是其所属部门、所属角色以及其本身所拥有权限的并集。

系统默认集成了系统管理员和子系统管理员两种角色，系统管理员是整个系统的超级管理员，拥有无限制的操作权限和数据可视范围；子系统管理员在系统中被设计为大集中应用中的某一单位的管理员，拥有相应的操作权限和属于本单位数据的可视权限。

用户要获得相应的权限，可以通过分配给他相应的角色来实现。角色管理中包括新建、修改、删除角色等功能，可以赋予角色相应的操作权限，并可以针对某一角色指派相应的用户和部门。

权限管理：主要是由平台管理人员进行资源分类配置、用户角色定义及授权等操作；权限认证主要是根据用户身份对其进行权限判断，以决定该用户是否具有访问相应资源的权限。

日志管理：可以提供查询、备份等管理功能。各机构管理员可查询本机构日志；系统管理员可查询所有日志；安全审计员可以备份、删除日志（只能以时间段备份及删除）；备份/删除日志操作时间有记录，备份/删除的记录不删除；可设置备份提醒，在管理员登录时提醒。

操作日志：用于实时监控各用户的操作信息，包括用户的操作功能、操作内容、操作日期、操作状态等信息。

登录日志：用于实时监控各用户的登录信息，包括用户的登录地址、登录日期、登录状态等信息。

本章阐明了基于区块链的教育数据存证平台的各个组成部分，包括区块链平台、电子数据存证服务私有化部署、教育数据存证监管平台三大部分。该技术平台将运用于厦门“i教育”综合服务平台中重要业务系统，如教师研修平台、教师考核管理、学生资助管理、学生综合素质评价管理、学生成绩证明等，将重要、敏感、关键数据进行上链存证，一方面推进师生事务“网上办”快捷高效，保障自身相关数据的真实有效性；另一方面便于加强教育部门对于教育数据的监管监测，提高教育数据的公信力。

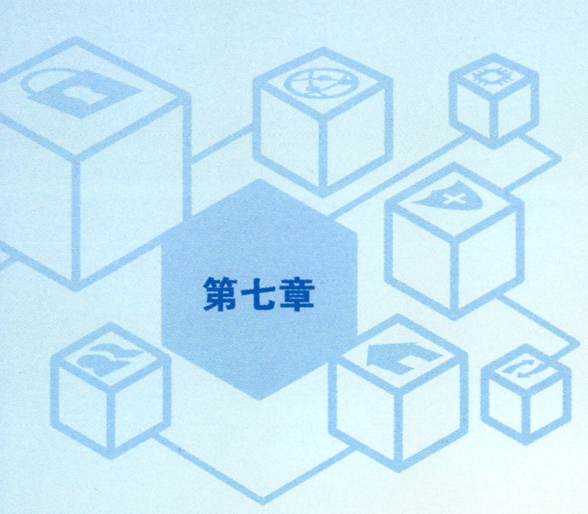

校园计算技术实现教育数字化[1]

1 本章作者为洪端钦、王宁、洪文兴。

中共中央总书记习近平在主持学习时强调，大数据发展日新月异，我们应该审时度势、精心谋划、超前布局、力争主动，深入了解大数据发展现状和趋势及其对经济社会发展的影响，分析我国大数据发展取得的成绩和存在的问题，推动实施国家大数据战略，加快完善数字基础设施，推进数据资源整合和开放共享，保障数据安全，加快建设数字中国，更好服务我国经济社会发展和人民生活改善。“教育信息化2.0”由中华人民共和国教育部印发的《教育信息化2.0行动计划》于2018年4月13日正式提出，是教育信息化的升级。要实现从专用资源向大资源转变；从提升学生信息技术应用能力向提升信息技术素养转变；从应用融合发展向创新融合发展转变。而教育信息化的关键技术，便是校园数字计算平台，即校园全景计算。通过校园全景计算对多学科交叉、多校园传感器融合、多校园个人信息管理等进行统筹规划。合理挖掘数据价值，实现校园数据价值变现，从而改善校园服务环境，支持管理人员进行规划和决策。

7.1 教育数字化的集大成者

校园全景计算（Campus Computing），又称为校园大脑，目前我们所说的交叉学科，是计算机科学以校园为背景，与校园规划、教育学、环境科学、心理学、社会学、经济学、管理学等学科融合的新兴领域。更具体地说，校园计算是一个以物联网、云计算与虚拟化、大数据分析等新一代信息技术为核心技术，通过不断感知、采集、整合、分析和展示，用校园中多种异构大数据，来解决校园在人才培养、科学技术研究与转化、学生成长、校园环境、心理、生活工作环境等方面面临的挑战的过程。

校园计算将无处不在的感知技术、高效的数据管理和分析算法，以及新颖的可视化技术相结合，致力于为师生提供一种有效教与学的智慧学习资源与环境，能提高学习成效、在校工作生活品质和促进智慧校园、智慧教育的发展。

校园计算项目帮助我们洞察教育教学、教育管理，理解各种教育现象的本质，甚至预测校园需求，可以说是教育数字化过程中技术集成的重要方向。

7.2 校园计算平台设计

图7-1给出了校园数字计算平台的架构，我们可以清晰地看到，校园数字计算平台主要包括三个体系：管理与运维服务体系、安全保障体系、标准与制度体系。在三个体系下主要由四个模块组成：校园感知与数据采集模块、数据管理模块、校园数据分析模块、校园服务提供模块。下面将分别介绍这四个模块的具体作用。

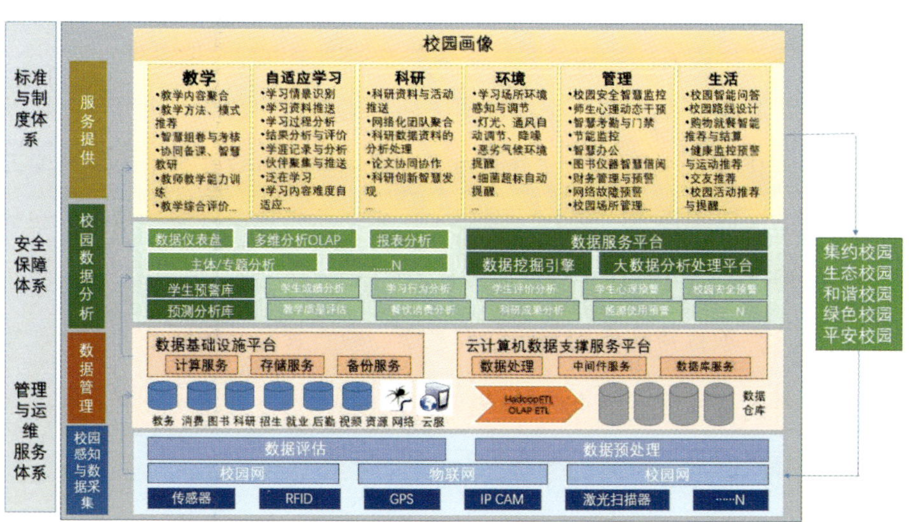

图7-1 校园数字计算平台

7.3 校园数据功能模块设计

7.3.1 感知模块

（1）校园数据概览

数字化校园主要从以下六个角度进行数字化建设：教师教学、学生学习、教学科研、校园环境、综合管理以及校园生活。以中小学为例，可细化为教务管理、学生管理、行政管理、德育管理、家校互联以及后勤管理。这六个方面就会产生海量的校园数据。数据来源于各种校园内的传感器、系统等。

我们可以将所有的数据划分为结构化数据、半结构化数据、非结构化数据。

（1）结构化数据来自原有的各个MIS系统以及数据库当中，包括：

招生管理系统、教学管理系统、学工管理系统、人事管理系统、办公自动化系统、科研与项目管理系统、财务管理系统、资产管理系统、对外交流系统、校园决策系统，校园安全管理系统。

（2）半结构化数据来源于学校网站及各类表格、校外公共平台上与学校有关的数据（如百度百科、百度学术）等。

（3）非结构化数据主要包括：

文本数据：院校介绍等文档、网站新闻、通知公告，校外公共平台数据（如百度知道、贴吧等），学生招生、入学、毕业等咨询信息，各结构化数据库日志数据，学生学习过程数据、教师教学过程数据。图像、音频、视频数据：新闻媒体报道、校园图库、学校视频库、专家讲座、学生活动视频等其他音频、录像数据。

（2）校园数据感知

由校园数据概览可知，校园拥有海量的多源异构数据，多源异构数据主要来自于产生数据的设备不同和系统不同，并且数据本身的类型也多不相同，甚至数据产生的时序也不尽相同。由于这些原因，形成了校园各种业务系统难以"互联互通"，那么如何合理地感知或者如何采集这些多源异构数据，就是校园计算将面临的第一个挑战。

由于5G+技术的逐步成熟，针对校园数据采集将带来质的提升，我们的校园数据感知将分为两个部分，第一部分是通过传感网进行实时数据采集，即通过分布在校园的各个传感器互联，组成校园传感网进行数据感知。第二部分是校园物联网，通过校园网将校园PC、教师手机、家长手机等通信设备以及校门、操场、教学楼、办公楼等场地的设备（例如：校门人员检测设备、手环、校园卡、校徽、手表等）进行互联，实现全连接、全感知。第三部分是通过ETL工具（如Kettle、Flume、Kafka、DataX等大数据采集工具）将校园各个业务系统的数据、传感网的数据、物联网的数据统一采集至我们的数据库当中。

（3）校园数据预处理

由于所感知到的数据高维、异构且多源，难免存在许多不可用的脏数据，如存在缺失值、重复值等，在使用之前需要进行数据预处理。数据预处理主要包括数据清洗、数据集成、数据变换、数据约简以及数据离散化等。数据预处理没有标准的流程，通常针对不同的任务和数据集属性的不同而不同。数据预处理的常用流程为：去除唯一属性、处理缺失值、属性编码、数据标准化正则化、特征选择等。

（1）去除唯一属性，唯一属性通常是一些ID属性，这些属性并不能刻画样本自身的分布规律，可在多个数据源完成数据集成之后，简单地删除这些属性即可。

（2）处理缺失值，我们可以直接使用缺失值；也可以通过均值、同类值以及建模等方法进行缺失值补全；针对缺失值较少或者缺失值对数据没什么影响的情况，我们可以直接删除缺失值。

（3）属性编码，例如将数据转换为布尔类型的特征二元化编码，通过设定的阈值作为特征的分界点；或者使用流行的独热编码（One-Hot Encoding），独热编码采用N位状态寄存器对N个可能的取值进行编码，每个状态都由独立的寄存器表示，并且在任意时刻只有其中一位有效。

（4）数据标准化、正则化，数据标准化的作用是通过归一化、规范化等方法将数据样本的属性缩放到某个范围内；数据正则化的作用是将数据样本的某个范数缩放到单元范数。

（5）特征选择，由于多传感器、多系统等原因产生了高维数据，为了减轻维度灾难的问题，我们需要对数据进行降维，降维的过程便是一种特征选择的过程，即从给定的特征集合中选择出相关的特征子集。常见的特征选择类有：过滤式、包裹式以及嵌入式。

7.3.2　校园数据管理模块

由于校园存在多个业务系统，因此各个系统的数据往往存储在不同的数据库当中，而且不同类型的数据往往也会存在于不同类型的数据库当中，例如关系型数据库（Mysql、Oracle）、非关系型数据库（MongoDB、

HBase）、图数据库（Neo4J）、时序型数据库（MatrixDB）、分析型数据库（MatrixDB、Hive）等等。如何消除因不同系统产生的“信息孤岛”现象，首要的环节就是数据互通。我们可以通过设计数据仓库来打通系统与系统之间的“信息壁垒”，从而实现校园系统全连接。

（1）数据仓库的基本概念

数据仓库（Data Warehouse）是为了给城市、企业、校园等环境的所有决策制定过程，提供系统数据支持的战略集合。通过对数据仓库中的数据的分析，可以帮助校园改进系统流程、提高教学质量等。

我们的数据仓库并不是数据的最终目的地，而是为了使数据得到更方便、有效的利用做准备。因此我们的数据仓库向下承接校园内的各个系统，向上可以支撑各种应用的实现。

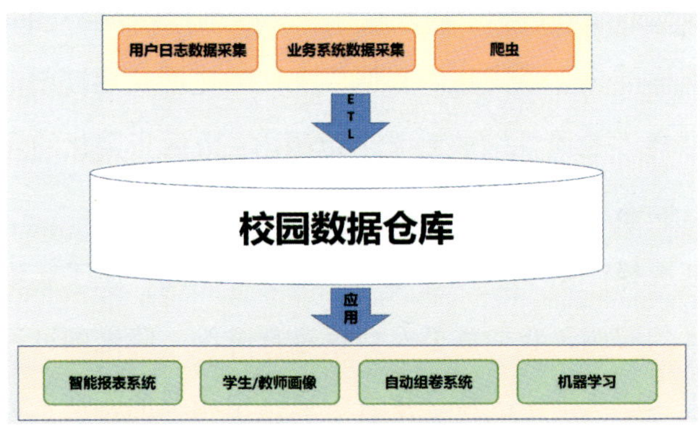

图7-2　校园数据仓库

（2）数据仓库下的传统数据处理方法

基于数据仓库的数据处理方法大致可以分成两大类：

首先是联机事务处理OLTP（On-Line Transaction Processing）：也称为面向交易的处理过程，其基本特征是前台接收的用户数据可以立即传送到计算中心进行处理，并在很短的时间内给出处理结果，是对用户操作快速响应的方式之一。OLTP是传统的关系型数据库的主要应用，主要是基本的、日常的事务处理，例如银行交易。

其次是联机分析处理OLAP（On-Line Analytical Processing）：联机分析处理OLAP是一种软件技术，它使分析人员能够迅速、一致、交互地从各个方面观察信息，以达到深入理解数据的目的。联机分析处理OLAP具有共享多维信息的快速分析特征（即FASMI）。其中F是快速性（Fast），指系统能在数秒内对用户的多维分析要求做出反应；A是可分析性（Analysis），指用户可以定义新的专门计算，将其作为分析的一部分；M是多维性（Multi-dimensional），指提供对数据分析的多维视图和分析；I是信息性（Information），指能及时获得信息，并且管理大容量信息。

OLAP是数据仓库系统的主要应用，支持复杂的分析操作，侧重决策支持，并且提供直观易懂的查询结果。

表 7-1　OLTP 与 OLAP 的区别

	OLTP	OLAP
用户	操作人员	决策人员
功能	日常操作处理	分析决策
面向	面向应用	面向数据分析
驱动	事务驱动	分析驱动
存取	读写数十条记录	读写上百万条记录
工作事件	简单的事务	复杂的查询
用户数	上千个	上百万个
数据量	100MB-GB 当前值数据	100GB-TB 历史数据
响应时间	几秒几分钟	小于 1 ～ 3 秒
主要应用	数据库	数据仓库

（3）维度表与事实表

在介绍数据仓库的分层之前，我们先来了解维度表和事实表的简单概念。

维度表一般是对事实的描述信息。每一张维度表对应现实世界中的一个对象或者概念。例如学生、老师、日期、科目等。

维度表的特征：

- 维度表的范围很宽（具有多个属性、列比较多）
- 跟事实表相比，行数相对较小：通常<10万条
- 内容相对固定：编码表

事实表中的每行数据代表一个事件。“事实”这个术语表示的是业务事件的度量值（可统计次数、个数等），例如，2021年6月1日，小明在数学考试中考了150分。维度表：时间、学生、考试科目。事实表：150分、一次考试。

每一个事实表的行包括：具有可加性的数值型的度量值、与维度表相连接的外键，通常具有两个或两个以上的外键。

事实表的特征：

- 非常的大
- 内容相对的窄：列数较少（主要是外键ID和度量值），经常发生变化，每天会新增加很多。

（4）数据仓库分层设计

了解了维度表和事实表的概念之后，我们来了解为什么需要将数据分层。

为了将复杂的问题简单化、减少重复开发以及隔离原始数据，我们往往需要对数据仓库进行分层设计。

8.1 校园计算中台介绍

8.1.1 校园计算数据中台设计思路

（1）“有技术”+“有业务”建设原则

“有技术”，指具备支撑中台化的必要技术，包括但不限于IaaS、PaaS、DevOps、容器化、分布式、微服务、大数据、开发平台、运营平台及其他IT工具等。

“有业务”，指不仅要有技术支撑，更要有大量业务能力能够支持智慧应用建设，同时内容可供客户复用而不是只有技术框架。

（2）从“合”到“分”再到“聚”建设思路

“合”，整合各类业务应用需求，通过原来应用业务接入、迭代、更新、增加，进行全面应用合并，业务和数据必须仍然是集成一体的。

“分”，指将有原来边界的各种业务系统，经业务重组、流程再造，拆分为无边界的应用和服务集合，同时每个应用和服务都保持独立性，自包含性，有自己的生命周期，能独立迭代和发展，是一个微服务。

“聚”，指各个微服务应用必须能够像搭积木一样快速组装，满足行业应用场景。

（3）“空间环境”+“模型算法”+“AI大脑”

“空间环境”，指决策和协同环境，支持多类型场景结合，如会议、讨论、决策、督导等，快速适应和匹配达到场景目的。

“模型算法”，指将沉淀数据通过各类模型算法进行深度计算，形成最后的结果内容。

“AI大脑”，通过人工智能深度学习，不停地进行知识库和AI的升级，提供智能决策、智能预测、智能管理等。

（4）“1+3+N”产品规划架构

“1大平台”，指的是业务管理中对各类业务进行全面合、分、聚和数据中台对数据进行清洗、加工、聚合、展示等。

“3中心”，指的是组织协同共享中心、数据协同中心、开放式能力中心。

“N小前台”对各类业务应用和服务形成各类前台业务管理，提供给各类工作人员进行处理。

8.1.2　校园计算数据中台总体规划方案

在教育大数据综合平台的基础框架上，基于各类引擎能力，组件式开发、应用模块式开发等能力，增强系统的可拓展性、易用性等，贴合教育适时的发展需求，减少系统建设成本。整合教育的教学、科研、管理、技术资源等，深层次发现和挖掘用户服务需求，实现一站式综合服务，全面提升教育信息化建设水平。

平台将构建组织协同共享中心、教育数据共享中心、开放式能力中心三大核心模块，将各区进行整体协同整合，配合各类引擎技术，全面激活本次各硬件系统，融合各类智慧校园应用，形成教育各类应用场景，再配合教育网络通信、安全、机房环境作为基础支撑，实现真正的智慧校园系统集成。

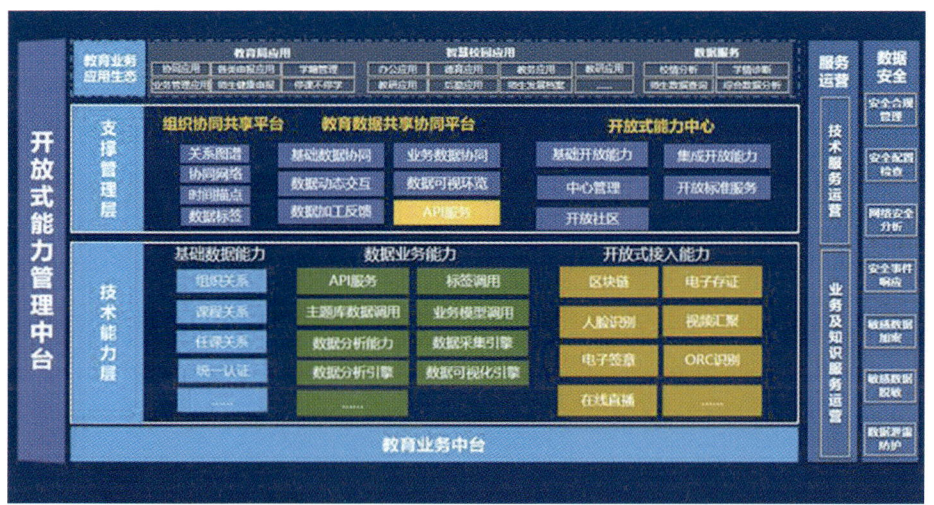

图8-1　组织协同共享中心

通过数据API服务，面向教育业务应用开放基础数据查询、标签调用、模型调用；同时可调用数据支撑平台的数据采集、验证、加工、清晰、分析与展示等数据处理能力。

1.组织协同共享中心

（1）协同网络

建立市教育局、学校、校区、年段（处室）、班级、教师、学生多级业务协同关系网络。可根据学校特点，快速创建网络关系。快速标的校区、学段、年段、班级、行政部门的协同网络关系。协同网络可以为之后的关系图谱做好层级关系铺垫。为将来数据的流向存储、业务的工作流、管理的分权做好支撑。在整个业务协同网络中，可以在每个层级设定管理员，管理员可以新增空间和空间管理，每个空间可以设定类型，包括教育局、处室、年段、班级等，都可以进行批量处理，解决学校空间和人数众多需求。

组织信息

* 名称　教务处（东渡）

排序值　899

上级部门　东渡校区高中部

管理员　　批量导入

成员花名册　设置主管　二维码加入　从组织添加　创建账号　批量录入　批量操作

陈霖宝	139****2962		男	0
郭彬彬	153****1538		女	0
黄鸿	136****9990		男	0
林馨文	138****5657		女	0

图8-2　管辖界面

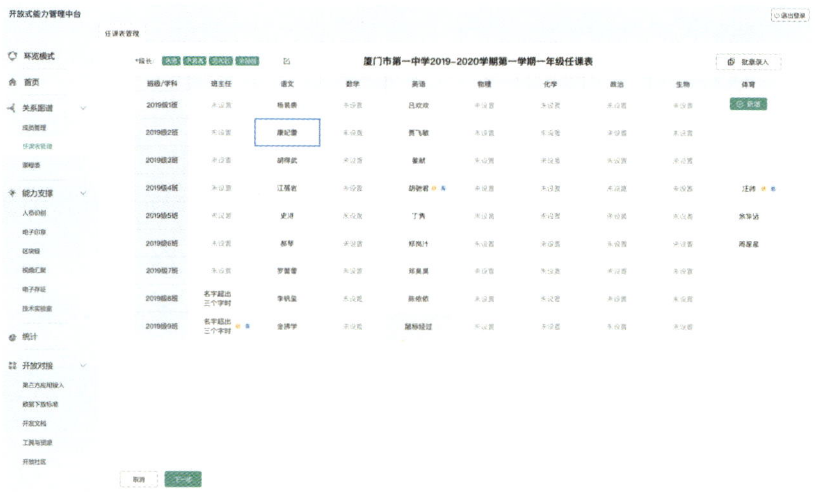

图8-3　任课表

图8-4　学科设置图

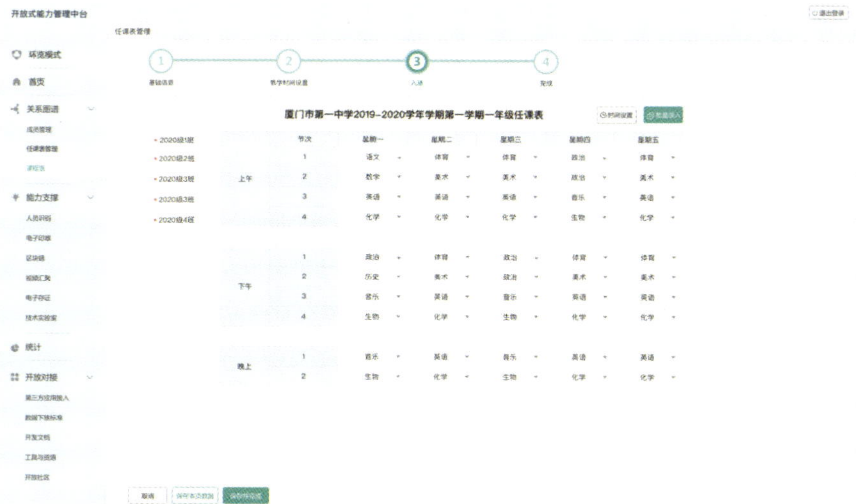

图8-5　运行界面图

2.教育数据共享中心

数据中心通过统一的数据格式实现应用系统之间的数据交换和共享。

教育数据中心具有以下建设意义：

收集、存储各类数据的同时有效地将数据管理起来，打破“信息孤岛”的存在，为各个应用系统提供统一的数据服务，保证数据的一致性。为教育各部门和各位领导提供实时数据。各部门之间可以很方便地查看其他部门的公开数据；领导可以统筹查看全校所有部门的业务数据，能够直观地了解学校的情况。便于后期的应用系统开发，将应用与数据分离开来，降低应用系统扩展开发的难度，为全面整合学校应用系统打下坚实的基础。

（1）数据API服务

平台将开放标准的数据API服务，支持各种业务的标准数据可以与其他数据业务进行共享。大数据支撑平台的数据API服务有：

数据调用：支持将平台内的数据治理成果开通给第三方平台进行调用，平台可按需将指定查询条件封装为独立的API接口，如可按照标签提供数据查询调用接口，也可以调用业务模型进行计算。

数据同步写入：支持同步第三方平台的业务数据，可以灵活创建数据同步，灵活调整。

数据推送：支持与第三方业务进行数据推送对接。当平台内的业务数据发生新增、删除、修改时，可以实时推送给对方。

以上三种API对接方式，都可以通过开放式中心快速完成对接，无须程序二次开发。

（2）数据处理能力调用

能够调用数据支撑平台的数据采集、验证、加工、清晰分析与展示等数据处理能力。

（3）基础数据协同

支持用户根据具体业务场景需要，使用引擎快速制作数据表单和数据规范。

图8-6　设置界面

利用工作流引擎，流程环节分角分权设置灵活，支持多人协同处理、支持或签模式、会签模式等。系统也可以读取组织协同共享中心的班级图谱、任课信息谱图、关系网络图谱，让数据在学校内按班级、年段、学校的管理层级，协同处理，再按所属区逐级上报到市相关单位，从而形成标准数据。

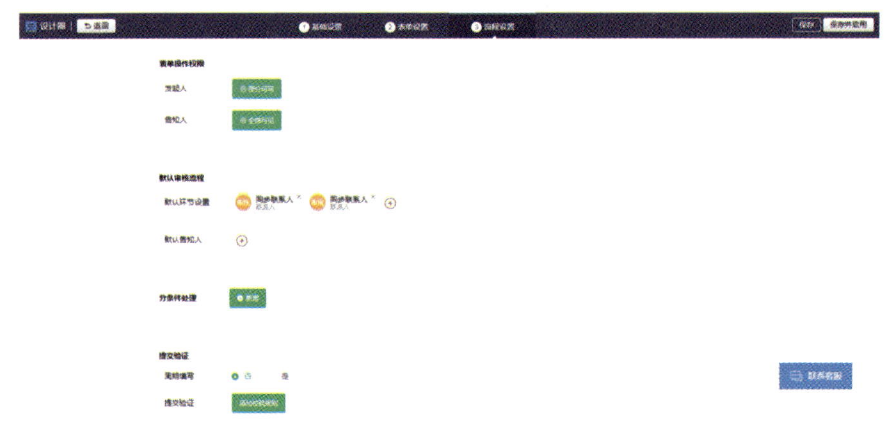

图8-7　流程设置图

（4）业务数据协同

教育业务存在不同的业务系统，平台为了能应对不同的系统数据协同，需要具备快速对接业务数据的能力。系统具备标准化的数据对接方式，可以快速地与第三方数据库进行数据同步对接。对接的过程，无须二次开发。平台可以快速定义对接的字段、数据类型、格式，通过对方的同步数据接口，快速对接数据。可支持接口方式和视图方式两种对接方案。

学生入厦登记测试 更换

添加字段

字段		对接字段	覆盖
主键	自动填入	主键	
学生姓名	自动填入	学生姓名	
身份证号	自动填入	身份证号	✓
所属行政区号	自动填入	所属行政区	
学校	自动填入	学校	
年级	自动填入	年级	
现住址	自动填入	现住址	
现住址联系电话	自动填入	现住址联系电话	
家长姓名	自动填入	家长姓名	
家长联系电话	自动填入	家长联系电话	
摸排登记时间	自动填入	摸排登记时间	
14天内是否有在湖北经停或逗留1:是0:否	自动填入	14天内是否有在湖北经停或逗留	

图8-8 学生登记图

数据共享中心内的数据，也可以提供标准的API接口文档，支持数据同步和数据推送两种对接方式。

（5）数据动态交互

无论是组织协同关系中心生成的关系数据，还是业务产生的基础数据，都可以在数据平台中，联动其他表单或者数据工坊加工后的数据。联动时，系统会根据用户填写的内容，自动索引相关表单的数据，并且自动填充到当前表单内，方便数据串联和填写。

（6）数据可环览

可读取表单收集的数据或加工后的数据表，支持图像化处理，将数据与空间、时间做可视化展示。在环览模式中，可以根据组织协同关系，调阅班级信息，以图形的形式，实时查看当前班级的任教学科、任教老师、所有任课教师信息、班级学生信息。并且可以查看任教老师和学生的上课状态、出勤状态。环览模式可以和各项教育业务做数据对接，将师生在校园中的状态呈现出来。

图8-9　学科设置图

对于学校，环览模式可以查阅学校的学生信息、信息化建设水平、学校情况概览、任课表、课程表等信息。

图8-10　运行总览图

各区教育局则可以通过数据环览，阅读各区学校的学生概况，统计和分析各项业务数据。

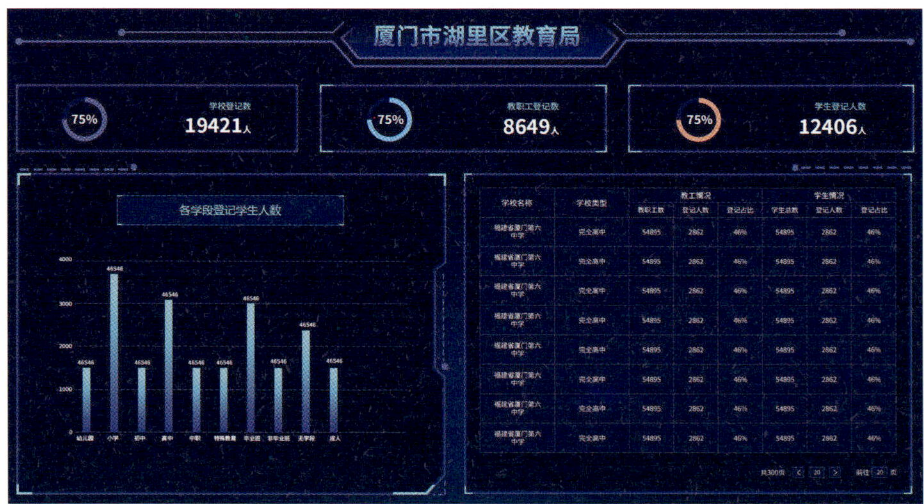

图8-11　展示图

（7）数据的加工反馈

支持图形化界面操作，只需简单地拖拽鼠标即可完成数据流加工过程。支持输入与输出、横向连接（将多个数据源通过字段连接、多表合成一表的方式输出为一个新的数据源）、追加合并（将多个数据表中同字段类型字段合并为一列，合并后输出为一个新的数据源）、数据筛选、分组汇总、字段设置等。

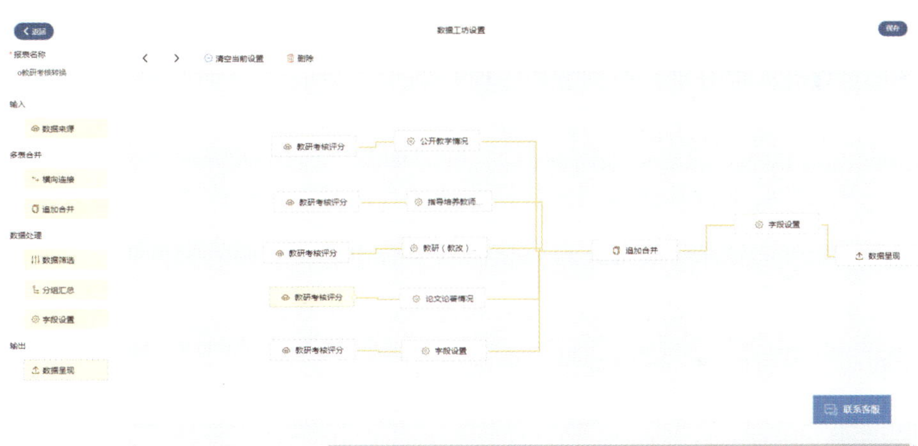

图8-12　工作流程图

3.开放式能力中心

（1）基础能力开放

构建基础能力层：用户身份统一认证、组织关系谱图、班级图谱、任课教师谱图、课表谱图作为标准接口，开放给教育其他业务系统对接使用。大数据共享中心也能开放数据接口，提供教育业务数据同步。平台的基础开放能力，除了能为教育行业系统提供二次赋能，也可通过基础能力的关系谱图和大数据共享中心的数据处理与共享，建立和规范教育数据标准与关系标准。

（2）集成通用业务支撑能力

平台除了自身的基础能力之外，还会集成其他教育业务通用能力纳入系统。这些业务通用能力将作为平台的能力补充，开放给教育业务系统使用，给予教育业务二次赋能。

这些能力包括人脸识别、电子签章、区块链、视频汇聚、安全审计等，这些能力将为会议签到、考勤、资助系统、安防系统等业务系统做能力技术支撑。在平台的后续建设中，还会根据实际业务需要，持续开放集成业务通用能力，提升平台公共业务支撑水平。

（3）自助式能力申请流程管理

开放中心支持其他第三方数据业务平台注册申请开放账号，接入方可再申请账号，登录平台后，自行在开放中心申请要对接的相关接口。中心管理员可以在后台对申请方的资质和需求进行审核，并且赋予开放接口相关权限、有效时间、测试环境、调试接口、正式接口等。

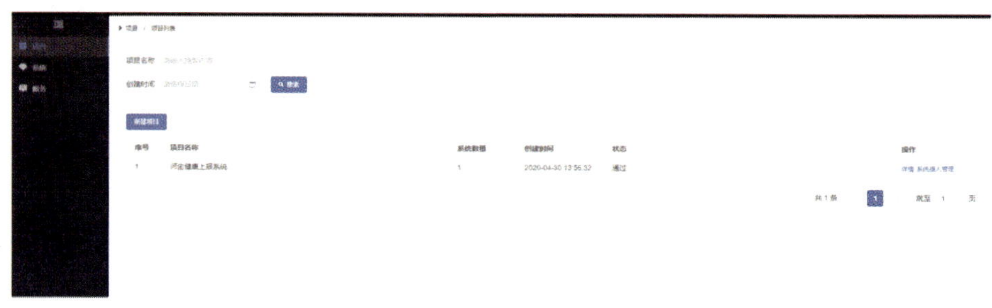

图8-13　工作台界面图

4.业务应用中心

平台基础设置包括门户设置功能、组织管理功能、角色管理功能、用户管理功能、权限管理功能等。通过业务应用中心为每个处室提供各类应用模块，并建立师生事务大厅，作为学校统一事务入口，配合班牌满足各类场景业务应用，同时也进行学校各类系统的整合，制定统一认证标准，实现系统统一登入管理，并配合搭建应用模块实现各类业务场景，如视频巡课检查、入校出入管理、德育考勤互通等，全面激活各类智慧校园硬件和软件。

（1）一站式事务大厅

即一站式师生办事大厅。提供 PC 端与移动端的入口，将学校所有教师各类服务进行汇聚和集中展现，并提供关键字搜索以及包括角色、业务场景、部门等多标签的筛选功能，帮助师生们快速查询已有服务。

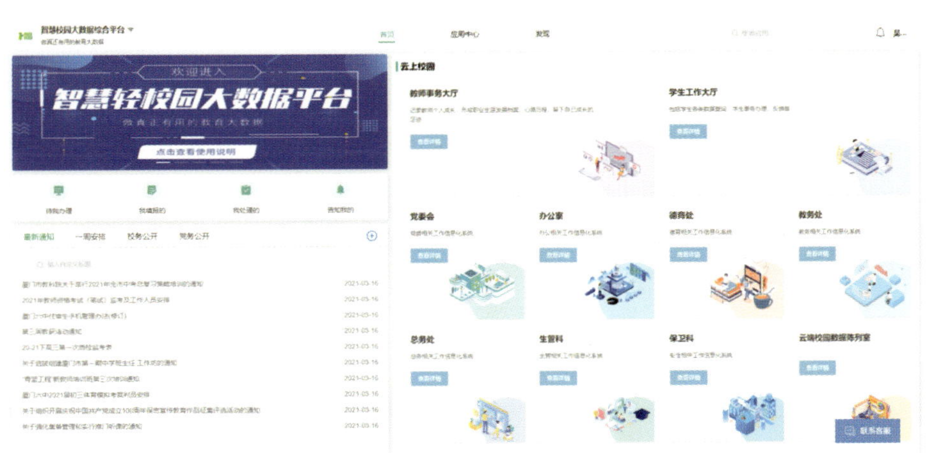

图8-14　大数据平台图

（2）应用管理中心

提供应用接入管理功能，学校可通过该功能接入应用到平台中供本校用户使用，应用可由任意服务商或开发者开发。平台应为学校管理员提供完整的应用管理功能。接入平台的应用所提供的服务，可展示在平台的 PC 门户或与学校约定的移动校园平台中，学校管理员可依据定义的用户组，设置服务的可访问范围。

我们将学校相关应用进行分类，分别为办公、教务、校务、教研、德育、后勤等。把现有应用接入应用中心，使用者可以快速寻找到所需应用，应用中心具有较好的第三方应用接入功能，同步用户数据库，实现所有应用单点登入或绑定登入，并且为接下来的应用做好应用接口对接服务，便于后期应用接入。

平台将对接学校现有的平台系统，并且制定学校接口标准等。数据整合对接认证时，统一从教育基础数据共享协同平台中获取，实现将平台中的各种数据资源进行展示、关联及重新组织，拆分功能、拆分模块分角、分级提供一站式服务（含移动端微门户应用）。

（3）业务应用搭建

对业务需求部门展开深入调研，深度挖掘内在需求，根据业务需求和管理办法随时进行应用搭建，应用字段、流程、数据格式、报表任意加工，全面减轻各个部门管理负担，推进系统使用。

8.2 校园计算实例——学生在线学习行为数据分析

8.2.1 研究背景

在线学习过程中师生难以直接接触，且生师比数量较大，教师难以直接把握全体学生的学习过程，使得学生学习考试作弊的现象仍有生存空间，为了探究公正、合理的综合学习评判，及时发现学业异常情况，我们基于校园计算平台进行基于学生学习行为数据挖掘的在线学习考核评价模型研究。本实例来源于厦门市科技计划项目“基于学生学习行为数据挖掘的在线学习考核评价模型的研究与实现”课题研究成果。

我们依据教育行为科学中个人行为与其成因的相关性，分析在线学习平台上学生学习和研讨等个人行为数据与群体行为数据、课程自身状态数据关联。采用模糊算法建模，改进课程考核评价的合理有效性，严肃学分认定，从而增强在线学习的社会认可度。

8.2.2 模型展示

学生行为评价模型体现为：

评价结果 = 学生学习成效得分×相应权重 + 学生学习投入度得分×相应权重

$$S^{(k)}=\sum S_{C_i}^{(k)} \times W_i$$

式中符号如图8-15所示。

符号	指标	类型	得分	权重	说明
C_1	考试	教师赋分	S_{C1}	W_1	所有考试的平均分
C_2	作业	教师赋分	S_{C2}	W_2	所有作业的平均分
C_3	章节测验	教师赋分	S_{C3}	W_3	学生接收到的所有测验任务点平均分配，未做测验按“零”分计算
C_4	项目式学习PBL	教师赋分	S_{C4}	W_4	学生在每个PBL项目小组获得的分数求和，再取平均分
C_5	其它线下活动	教师赋分	S_{C5}	W_5	学生线下学习行为得分（可设二级指标进行赋分）
C_6	课程视频	系统量化	S_{C6}	W_6	课程视频全部看完得满分，单个视频分值平均分配，满分100分
C_7	直播	系统量化	S_{C6}	W_7	观看直播、直播回放总时长达到指定分钟数为满分，最多不超过上限分数
C_8	阅读	系统量化	S_{C6}	W_8	资料模块中专题阅读总时长达到指定分钟为满分，最多不超过上限分数
C_9	课堂互动	系统量化	S_{C9}	W_9	参与投票/问卷、抢答、讨论等可以获得老师设置的相应分数，达指定数为满分，最多不超过上限分数
C_{10}	讨论	系统量化	S_{C9}	W_{10}	发表或回复讨论、获得点赞均可得分，发言内容与相关章节有题相关、且达到指定数量得满分，满分100分
C_{11}	访问数	系统量化	S_{C11}	W_{11}	有效访问数达指定次为满分，单位时间段内多次访问不计入有效次，最多不超过上限分数
C_{12}	通知阅读数	系统量化	S_{C11}	W_{12}	按次数累计，每阅读各章节、教师发布的通知并完成，达全部次数为满分，最多不超过上限分数

图8-15　符号表示图

8.2.3　学生行为可视化分析

利用数据可视化展现学生行为比较：

图8-16　学生U（k）的视频观看进度

2017-2018-1-1 > 视频任务点难度设置

任务点：0.1 课程介绍与导入.mp4

视频难点设置 权重 W0

加权设置：

序号	开始时间	时长	权重
1	0分23秒	98秒	2
2	3分32秒	180秒	2

添加

视频学习统计难点 权重 W1

权重时间设置：

序号	开始时间	时长
1	0分23秒	98秒
2	3分32秒	180秒

图8-17 某课程教师设置、学生学习数据统计、学生学习进度的难点数据比较

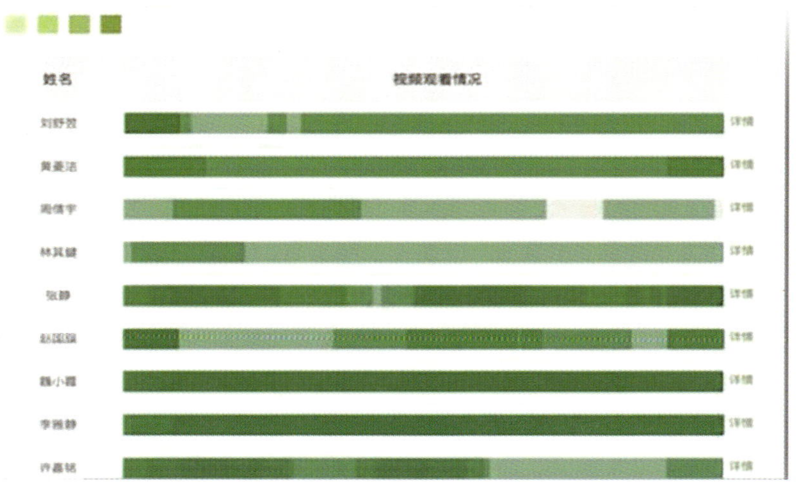

图8-18 某课程学生视频观看进度的数据比较

根据学生视频学习评价、讨论学习评价、章节测验评价、访问次数评价、作业评价和成绩评定等情况进行统计，考虑了学习轨迹的空间和时间维度，计算两学习轨迹上项目在任意相同时间点上的平均距离，度量轨迹距离，从而对学生行为进行分析。可进一步开展依据学生行为数据挖掘进行特殊类型学生的判别，如作弊学生判定等。

8.3 校园计算实例
——学生时空行为数据分析

8.3.1 时空行为分析

(1) 时空数据来源

本实例项目利用APP来获取学生的位置信息（基站定位或GPS定位或NB-IoT定位）并与时间信息相结合，将获取的时空原始数据进行过滤、清洗等预处理后通过Hadoop平台及其组件Hive进行处理，对处理过后的信息按校园活动类型（教学活动、宿舍活动、就餐活动、文体活动及校外活动）进行分类，并按学校时间段进一步细分，得到了一些有趣的行为特征。如：绝大多数的学生没有早起、锻炼身体以及吃早餐的习惯；绝大多数学生吃饭偏晚，而且吃饭没有具体固定的时间点，有吃夜宵的习惯；学生们对于个人自由支配的时间更倾向于“宅”在宿舍；年级越高的学生校外活动越多，年级越低的学生更愿意走出宿舍，学习生活安排更为合理。通过长时间高密度的跟踪及大数据分析，总结学生在时空上的行为特征与其人才素质发展的相关性，为大学生素质能力培养提供一定的管理依据。

(2) 时空行为分析的方法

大数据给时空行为分析带来了一些新的研究方法、新的研究思路，能够更加及时地反映出一些行为特征，研究的空间范围变广，研究的时间长度变长；通过对大数据的深度挖掘，能够获取其背后的特征，该特征也更为准确，更具普遍性、客观性；同时也可以对个体或者一类团体进行分析，能够更好地减弱或者消除一些其余的干扰，结果也更能够反映出个体或者团体独特的行为特征。选择基于Hadoop的分布式框架，不同服务器设置SSH免密登录，使所有虚拟机可以相互连通。数据来自于APP收集的后台数据库，通过Hadoop生态圈中的搬运工——Sqoop组件，将数据从关系数据库中的数据同步整合到Hive数据库中，在Hadoop平台中的分布式文件系统——HDFS中进行数据和文件测存储，然后调运MapReduce的接口组件——HIVE数据仓库进行存储及运行，最后使用HQL语句去做数据查询和分析数据。

（3）时空行为分析的意义

我国在教育信息化方面为此曾出台了《教育信息化十年发展规划（2011—2020年）》，我国有2431所普通高等本科院校，有257所民办高等教育院校，有268所成人高等学校，截至2019年6月共有2956所，信息技术在教育行业的快速发展，大量的信息技术软件平台被高等学校所建立，同时促进信息技术在教育教学方面的改革。[4]中国的高等院校在信息化方面的发展始于1980年左右，最开始的十几年里主要是学校的网络和一些分散的管理系统的搭建。到2000年以后，数字化校园建设得到了飞速的发展，提高了高等院校的信息管理化的水平[5]。众多研究都表明“大数据对于人们的教育方式与学习方式的改变的能力，是推进教育创新发展的科学力量”，在校学生的行为特征能够让我们了解在校学生的学习习惯、生活方式以及个人成长，能够了解不同年级、不同性别的学生的特征和行为规律，挖掘不同行为与个人成长之间的关系，这为学校对学生的成长管理及相关规定的制定提供了依据。但目前，我国对利用大数据来研究在校学生的行为特征的相关研究还较少。

8.3.2 大学生校园行为的时空研究

（1）相关技术研究

目前对于城市行为的分析较多，但是对于学校这一特殊的空间，针对学生们的空间活动的分析较少，以前主要是通过分析饭卡或者签到卡后台数据来获得学生们的行为特征，但更多的是静止的时间点与固定的空间来进行分析，随着各种智能终端、GIS技术以及大数据的发展，目前主要是利用学生个人时空轨迹大数据来分析其行为特征。

例如，胡茜茜等人基于学生的个人大数据，对学生的行为特征进行了分析，首先对学生的行为消费、在线学习以及课程成绩数据单独分析，并对不同类的数据进行了相关性和稳定性的研究，发现学生们饮食规律、进出图书馆比率越高越稳定、消费水平越稳定，学业水平也就越高[10]。扬琴等人利用学生登录WiFi的数据来研究学生校园行为特征，从三个方面包括活动时间、活动空间、活动类型，来对在校学生进行分析，学生们的行为具有较好的一致性、规律性、集聚性、依赖性、就近性特征[11]。

（2）数据获取尺度

此次我们将研究范围选择在了泉州某高校的二级学院，研究该院全体学生校园活动时空特征。该学校有全日制本科生、研究生近2.0万人，占地1.21平方千米（km^2）。校园里包括各种教学楼、行政楼、员工食堂、学生食堂、宿舍、体育馆、职工宿舍等建筑，学生的活动范围主要有教学楼、宿舍、行政楼、食堂及其他室内场馆，在这些地点都有丰富的通信基站设立并且信号全覆盖，可以准确地定位手机等通信设备的位置，同时学生可随时随地连接室内wifi。此次研究区域二级学院概况：该学院在校全日制本

科学生1050人。在后续的研究中将测试学生的位置信息与时间信息相结合形成时空数据，用大数据平台分析学生在时空上的行为特征与其人才素质发展的相关性，为大学生素质能力培养提供一定的管理依据，如图8-19。

图8-19　研究区域——学院地图

（3）时空数据分析目标

以该高校二级学院学生校园活动的时空特征作为实证研究，基于高德地图开发的APP，征集本学院志愿者下载，利用学生智能手机的基站定位，GPS定位或NB-IoT以及WIFI定位信息可将学生用户定位到校园的某一具体位置，定位准确度和精准度较高。通过Hadoop大数据平台对学生的时空位置离线数据计算，利用Hive对数据进行查询分析，研究其时空特征与异常，具体研究内容如下：（1）通过APP（对应参与同学的学号及个人信息）来获取地理位置信息，并与时间信息相叠加，得到参与同学的时空轨迹数据，并将其存储在离线数据当中。（2）基于搭建的Hadoop分布式架构利用其顶层组件Hive对获取的原始时空数据进行过滤、清洗等预处理，对处理过后的数据按校园活动类型（教学活动、宿舍活动、就餐活动、文体活动及校外活动）进行分类，并按学校时间段进一步细分。（3）一方面对本院整体学生的行为活动特征进行分析，并分析不同时间段的活动特征；另一方面，对于本院不同年级的学生的特征进行分析，同样也对比了不同年级在不同时间段的活动特征。

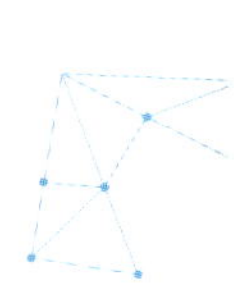

8.3.3 针对时空特性的数据处理

大数据的价值不在于其数据本身，而在于分析后发掘其蕴含着的丰富价值。而数据的分析就必须要使用到数据挖掘，在海量的数据面前，如何充分、成功地利用这些数据显得尤为重要。从大数据到价值的实现，数据挖掘是关键桥梁。数据挖掘，即从海量的、多元的大数据中自动发现、提取隐含知识和有用信息的过程。时空数据的挖掘，则要从时间维度、空间维度挖掘出潜在有用信息。在系统建立的前期，必须要做好数据的准备工作，这里我们主要通过Navicat for MySQL对数据进行预处理，为后期数据库中数据的分析统计和平台调用做好铺垫。

（1）数据格式

采集到的定位数据来自于2019年10月到2020年1月该二级学院志愿者登录信息。产生数据24930条轨迹点，主要包括了经度、纬度、时间等属性信息。这些数据都是二级学院志愿者随身下载的手机APP记录。

表 8-1 数据信息的字段列表

字段名称	数据类型	空	描述
id	BIGINT	N	数据 ID
address	VARCHAR（255）	Y	详细地址
create_time	DATETIME	Y	数据生成时间
lat	DECIMAL（19）	Y	经度
lon	DECIMAL（19）	Y	纬度
user_id	BIGINT	Y	用户 ID
username	VARCHAR（64）	Y	用户学号

（2）数据过滤、清洗和预处理

本研究从开发的时光迹APP中获取了2019年10月到2020年1月该二级学院志愿者登录信息。每天的数据存储在一个文本中，并且文本中包含了用户账号、登录时间、IP地址、位置编码等信息。具体如下图所示：

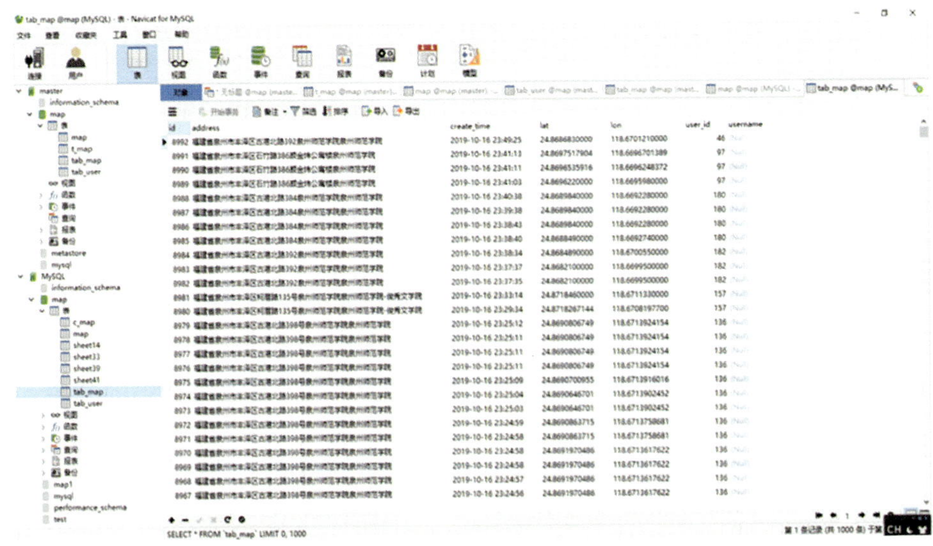

图8-20　原始数据展示

在初始阶段采用Navicat for MySQL数据库进行数据的预处理，因此需要将数据导入到数据库中，首先将原始文本数据导入Navicat for MySQL中，因原始数据获取使位置定位存在定位信息不准确、模糊等现象，此时需要通过更加准确的位置划分，将位置范围根据学校功能区划分为五个大类：①宿舍活动②教学活动③文体活动④就餐活动⑤校外活动，如图，根据学生活动范围及校园构造对17个区域进行了更加准确的经纬度划分，并通过JAVA语句编写范围筛选代码，批量划分，导入数据库中。

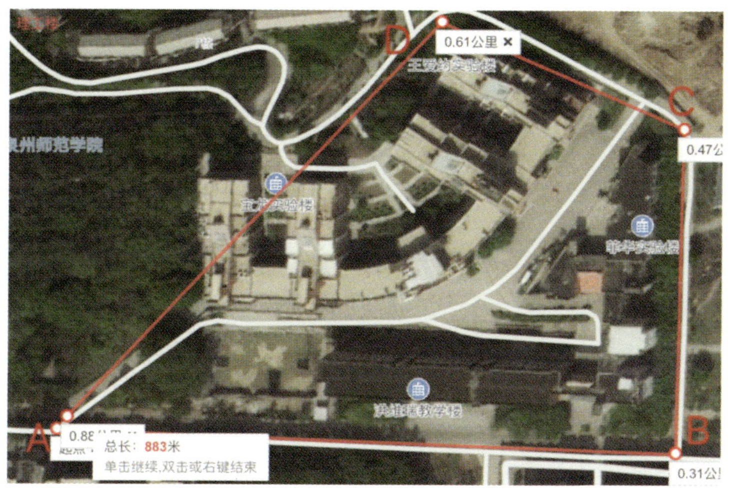

图8-21　教学楼范围进行重新划分 [1]

完成上述划分后，进行数据过滤，将空白数据、无用数据进行过滤处理。将异常、错误、不完整、不符合要求的数据进行清洗。由于本研究获取的校园学生登录数据信息量大且复杂，包含字段较多，而真正有价值的只有几个字段，分析原始数据发现，对于研究有用的信息，主要是用户名、时间、详细地址。按照需求，选取表中有用字段为[username]、[create_time]、[address] 三个字段，分别表示登录使用的账号对应的学号、位置时

1　经纬度注释：A（118.671407,24.867186）B（118.674132,24.868481）C（118.673338,24.869776）D（118.672024,24.869717）

刻和详细地址，通过SQL语句进行整合处理，最终获得对真正有价值的数据表。

（3）数据导入和查询

完成上述操作后，将整合的学生时空轨迹信息的新表通过Sqoop连接Mysql数据库并导入数据到Hive仓库中，通过使用HQL语句，在Hive中建表并进行以下相关的查询和存储。

（1）2019年10月至2020年1月全时间段地址（人数）出现总次数汇总。

（2）2019年10月至2020年1月全时间段根据学校固定作息时间，对数据进行科学的时间段划分，可以分为：8:00—10:00；10:00—12:00；12:00—13:00；13:00—14:30；14:30—16:10；16:10—17:00；17:00—18:00；18:00—19:00；19:00—20:00；20:00—21:00；21:00—22:00；23:00—5:00；5:00—6:00；6:00—7:00；7:00—8:00，分别统计地点出现的人数以供分析和参考。

（3）根据学号划分及信息量的大小，选出分别代表大一至大三年级的三位同学进行特别查询和分析。

8.3.4 基于时空大数据的大学生校园行为分析

学校是一个特定环境，区别于社会环境，学生在校的活动特征也区别于其他社会活动特征，根据大数据统计分析，我们能够从中挖掘出学生在校期间的活动规律，这便于更好地了解在校学生的整体行为方式，也为校园一些措施的制定提供了依据。在Hive数据仓库存储查询和分析，系统平台提供空间分析和物理统计功能的基础上，通过学生手机定位活动的时间和空间分布，分析学生活动的时空分布状况。

（1）学生行为模式分类

对学生日常行为的分析和研究早已将学生的行为轨迹纳为了研究的重

中之重，他们当中的许多学者将学生的行为分类并给予定义，虽然学生在校园模式中的行为个体差异较大，但是有固定的行为模式。例如，在学校学生的日常出行行为主要是去教室、食堂、文体活动、在宿舍休息和参与体育或者社团活动；在校外，学生的行为主要是购物、餐饮和旅游等[20]。

通过时光迹APP定位的位置数据，我们可以知道学生具体的时间、位置、经纬度以及学号等个人信息，将这些信息汇总就可以知道学生的时空信息，我们也就可以用来分析学生的时空行为特征，但是在此之前我们需要建立行为与空间、空间与时间的对应关系，再将以上两种关系转化为行为与时间的关系并对应于位置数据的格式，这样就可以知道学生在什么时间做了什么事。另外校园内的建筑布局很集中并有一定的规律，这样可以很明显地反映出学生日常的行为和活动，例如学生的行为发生在教学区域我们可将此次数据归纳为教学活动，如果发生在操场和体育馆我们则可以归纳为体育活动。因此我们可以根据各类建筑在学校的分布对学生的行为模式进行分类归纳。在本文中，我们将学生的行为轨迹划分为了五种模式，分别是：在宿舍、住宿区域的宿舍活动；在各类教学楼和图书馆等学习区域的教学活动；在操场和体育馆等运动区域划分的体育活动；在一至四餐厅和学生街等就餐区域的就餐活动；还有就是学校以外区域的校外活动。其次，我们按照学校整体教学时间安排以及学生常规时间安排，基本将一天的24小时分成了几个时间段：5—8点为晨间活动阶段、8—10点为第一节课、10—12点为第二节课、12—13点为就餐与午休阶段1、13—14点为午休与就餐阶段2、14—16点为第三节课、16—18点为第四节课、18—19点为就餐阶段、19—20点为晚自习（大一学生）及自由活动、20—21点为晚自习（大一学生）及自由活动、21—23点自由活动、23—5点休息；这样我们能更清楚地了解在每一个阶段下学生主要活动的频次，这样也方便判断

学生的时空行为是否更加符合学校教学计划、规范及学生一般时间安排；并在此基础上总结学生时空行为的总体特征。

（2）学生总体及各时间段时空行为特征分析

1）学生行为总体特征

总的来看，学生宿舍活动频次占比最高达到了52.4%，学生的主要活动场所是宿舍；假设我们去掉常规午休和晚上睡觉的时间的频次（12—14点宿舍活动占比5.8%，23—8点宿舍活动频次占比19.5%），其余在宿舍的频次占比为27.1%，也就是说除了常规睡觉休息之外学生有超过四分之一是宿舍活动，表明学生们更加喜欢回到宿舍活动，在宿舍进行的活动过长。

教学活动的频次占比还未到总频次的四分之一（仅占21.6%），然而教学活动总体时间为8小时（占一天总时间的三分之一）；此外，大一的学生还有晚自习以及一些学生晚上去自主学习，即使学生并非每天满课，学生的教学活动的总体占比还是相对较低的，比学生除睡觉外的宿舍活动频次占比（27.1%）还低，这表明很可能存在学生逃课现象。

文体活动的频次占总频次的15.7%，这是包含了在操场、校园散步及大学生社团文体类的活动场所在内的总频次占比，如果假设每天锻炼一小时、参与社团和学生会活动时间2小时，文体活动的时间占比是12.5%；而文体活动的总频次占比是大于假定文体活动时间占比的，也就表明学生们的户外运动的安排还是比较合理的，学生们也比较喜欢运动和参加一些个人素质提升的活动。

一般学生的三餐就餐时间是比较接近于1.9小时（30分钟的早餐、40分钟的午餐、45分钟的晚餐），那就餐活动的时间占比约为7.9%，这接近于就餐活动的频次占比为7.3%，也就表明学生在就餐活动上花费的时间是比较合理正常的。

校外活动的占比是最低的，仅占3.0%，也就表明学生绝大多数时间还是在校内的，外出的活动主要是购物、旅游以及当地学生回家。

总的来讲，首先，学生几乎所有的行为活动都发生在学校（占到了97%），也就反映学校对学生的整体管理还是非常好的；其次，学生就餐使用的时间正常，学生们喜欢体育锻炼和参加个人素质提升的活动；最后，学生们主要的活动场所是宿舍，学生对于自己可自由支配的时间更倾向于“宅”在宿舍，去教学场所进行学习的偏少。

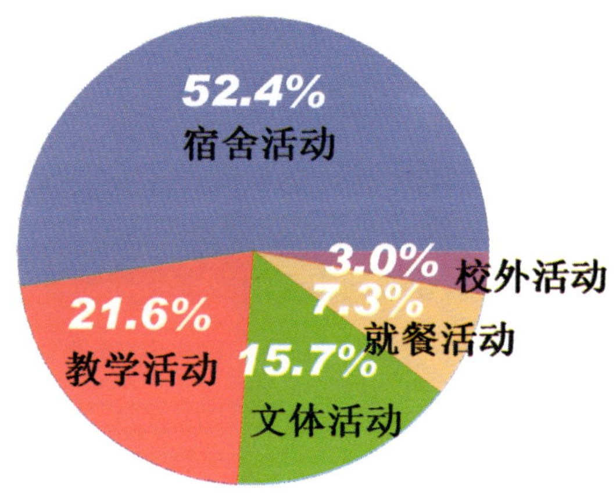

图8-22 学生五种行为总体频次占比图

2）学生各时间段时空行为特征分析

为了进一步分析学生们各个时间段的行为特征，根据前面的思路，我们绘制了图8-23；其中横轴表示各个时间段，图8-23a的纵轴表示该时间段5种行为类型的频次，图8-23b的纵轴表示该时间段5种行为类型的频次的占比；蓝色方块代表宿舍活动、红色方块代表教学活动、绿色方块代表文体活动、黄色方块代表就餐活动、粉色方块代表校外活动。由于我们的数据是来自于APP后台统计的，有些时候学生们关闭APP应用，会使得一些时间段的数据频数要低于其真实的时间段，为了消除这一干扰，更好地反映学生行为特征，本文还绘制了各时间段5种行为类型的频次占比图（8-23b）。

5—8点几乎是宿舍活动，一过8点，其余的活动频次立马上升，这反映了一个现象：绝大多数学生并无早起的习惯，并无早起锻炼和吃早餐的习惯；8—10点和10—12点是早上两个上课时间段，10—12点阶段的文体活动与校外活动的频次占比要大于8—10点的阶段，而教学活动以及就餐活动两个时间段的频次和占比都非常接近，能够一定程度上解释该现象：学生们除非有课才会去教学场所，顺便也会去就餐场所吃早餐，也能够反映有部分学生存在懒睡的现象。

我们发现相比于13—14点阶段，12—13点阶段宿舍活动较多（但此时已经下课），就餐活动和教学活动的频次和占比都较少；这反映的现象是：学生们下课后就餐的较少，直接回宿舍的较多，快到下午上课前学生们直接就餐后去教学场所等待上课的人较多；有一种可能性会造成这种现象，即存在一些学生上午没课或旷课，因此他们更倾向于在临上课前直接吃饭去教室等待上课，所以才会造成虽然下课了，去就餐的频次却很少，甚至比早上上课期间就餐活动的频次和占比还少。

下午上课时间段包括14—16点、16—18点；两个时间段文体活动是比较多的，表明学生们更加喜欢下午进行文体活动；相比14—16点时间段，16—18点时间段的教学活动频次下降，但是宿舍活动频次和占比却很高，其余活动的频次和占比基本类似；表明14—16点下课后，更多的学生更倾向于直接回宿舍待着。

18—19点，19点—20点，20—21点以及21—23点这几个时间段的活动总频数并不高，这也许是由于有些同学关闭后台应用所导致的；由于各时间段各活动的比例与运行APP的人数的关系并不是很密切，那这4段时间的特征我们主要可以通过图8-23b各时间段各活动频次占比图，较好地与其余时间段做对比进行分析。从图8-23b可以看出，19—21点进行教学活动的人较多（这可能主要是由于有学生晚自习），学生们在19—23点的就餐活动比例较大，而在18—19点的就餐比例较小，表明学生晚上就餐时间偏晚而且有夜宵的习惯。23—5点，学生们主要是在宿舍，但还是有一些文体活动以及就餐活动（两者的占比为8.3%），这表明有些同学习惯熬夜晚睡。

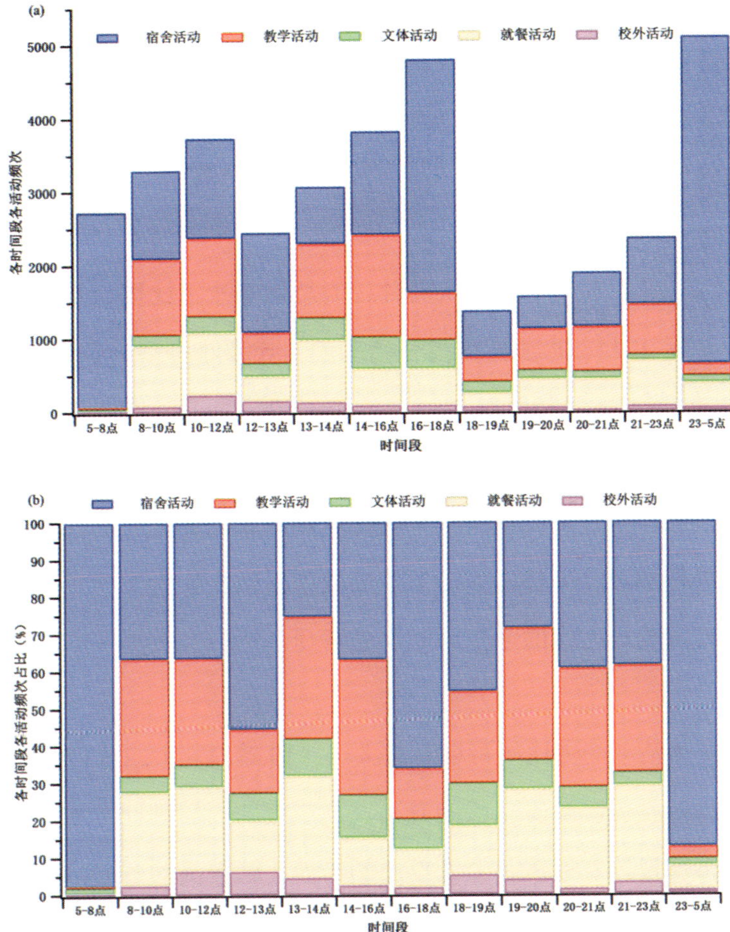

图8-23a　各时间段学生五种行为频次图,b各时间段学生行为频次占比图

总之，学生们没有早上早起、锻炼身体以及吃早餐的习惯，绝大多数学生吃饭偏晚，而且吃饭没有具体固定的时间点，有吃夜宵的习惯；部分学生能够按要求晚上上自习或自主学习；在保证正常的文体活动之外，学生们更多的是愿意呆在宿舍进行一些活动，这可能是由于天气的原因，因为该数据统计时间段是2019年10月—2020年1月，天气较冷。

a.不同年级学生活动时间特征分析

本次数据收集了大一到大四整个年级的数据来反映各年级的行为特征，但由于大四年级参与数据收集的人较少以及未有一人的记录时间序列是连续的，故在此没有放入大四年级的图标；本文主要选取了大一到大三的学生的时间特征进行分析。

b.不同年级学生行为总体特征

图8-24显示了不同年级学生五种行为总体频次占比图，从图中我们可以很明显地看出大一的学生在宿舍活动的占比要小得多，仅占49.9%，这远低于大二（65.9%）和大三（62.5%）的学生；而且，大一学生的教学活动的占比（25.4%）也高于大二（17.9%）和大三（21.2%）；大一的学生更愿意走出宿舍，到其余的场所进行活动，相对大二和大三的同学更愿意去教学场所进行学习。另外，大三学生的教学活动要比大二学生的比例要高的原因，也可能是大三的学生开始准备考研，所以会有更多的人去图书馆进行复习。

对于文体活动的占比，可以看出大一（19.7%）> 大二（17.9%）> 大三（9.4%），也就是说，随着年级的升高，高年级的同学进行文体活动的占比降低，不再重视体育锻炼和个人素质的培养。就餐活动占比，大一的学生占比最高为5.1%，其次为大三学生3.0%，最少的是大二的学生0.9%。

对于校外活动的比例，大一的新生竟然接近于0，其次是大二的0.7%，大三的比例最高为3.9%，也就反映出年级越高，校外活动的频次也就越多，这也符合越高的年级会有更多校外实习的课程或者对城市熟悉后出去旅游的事实。

总之，低年级的学生更愿意走出宿舍，去教学楼学习；年级越高的学生参与文体活动的比例越低；年级越高的学生校外活动的比例越高。

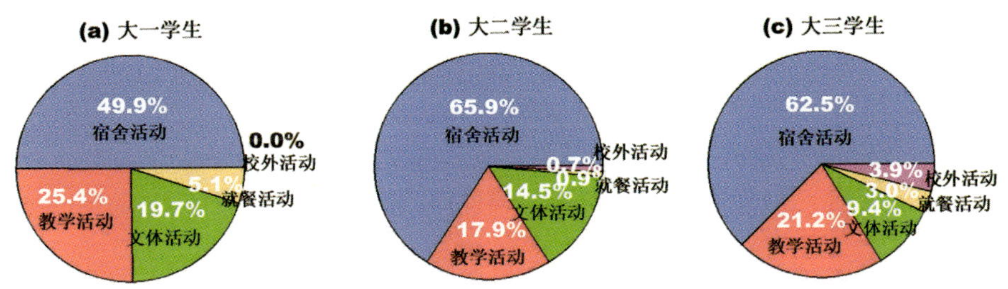

图8-24　不同年级学生五种行为总体频次占比图

c.不同年级学生各时间段行为特征分析

图8-24是不同年级学生在各时间段五种行为频次占比图。我们可以很明显地看出所有年级的学生大多没有早起晨练或者吃早饭的习惯（5—8点几乎都是宿舍活动）；在23—5点阶段年级越高的学生，除宿舍活动之外的其他活动占比越高，这也反映出年级越高的学生越容易熬夜。

对于就餐活动，大一学生在各个时间段的比例都较高，这可能是由于大一学生课程较多，会在课间休息时间去购买一些食品以补充能量；但是总的来说，三个年级的学生就餐都偏晚，以及都有吃夜宵的习惯。

对于教学活动，大一的学生因为学校要求上晚自习，所以19—23点教学活动的比例都是较高的，这点和大三的学生类似，但是大三的学生更多的是由于考研所以才会在晚上进行学习；另外，大一和大三的学生整个教学活动的分布是较为均匀的，其中大一的学生更符合学校的教学时间安排，然而大二学生的教学活动更多的是发生在13—14点和19—20点这两个时间段（这两个时间段并不是上课期间），其余各个时间教学活动的占比要低于大一和大三，这也暗示有可能大二的学生旷课的比例要比大一和大三的要高。

对于校外活动，主要是大三同学较多且集中在上午时间段，而且晚上21—23点和23—5点两个时间段也有较高的比例，这可能是由于部分大三的学生上午出学校去实习或者游玩，等到晚上再回到宿舍的原因。

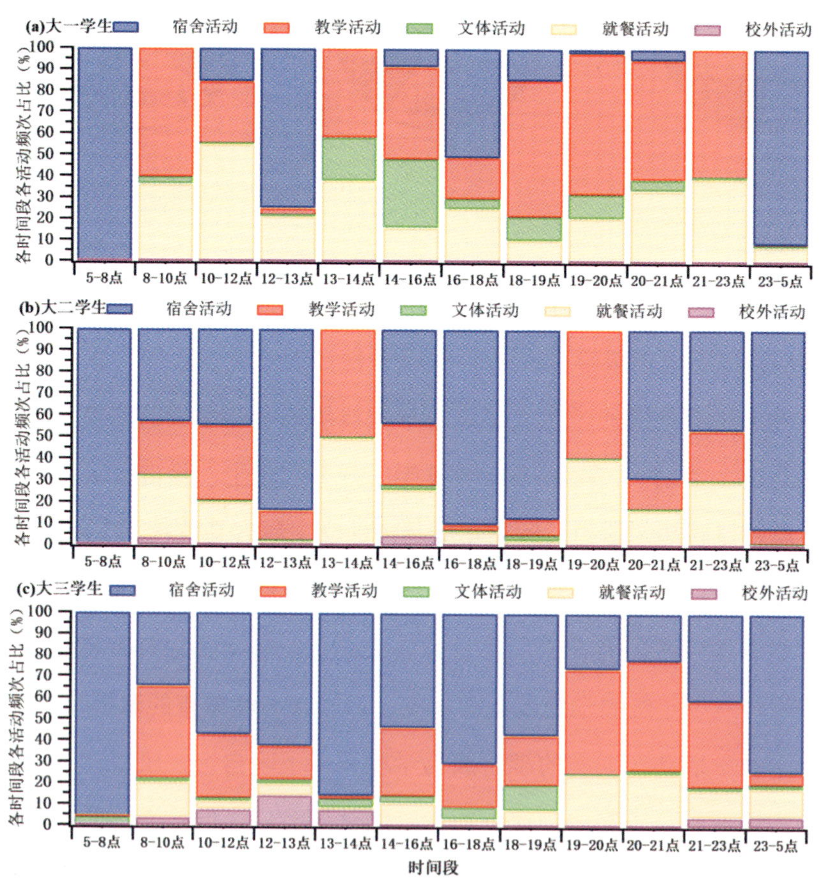

图8-25　不同年级学生在各时间段五种行为频次占比图

8.3.5 结论

基于当前已有的时空轨迹的研究分析及成果，提出针对某高校学生群体的基于时空大数据的大学生校园行为分析的研究。为了提高对时空大数据的存储和分析，首先利用Hadoop大数据分析平台及其组件Hive对时空大数据进行离线大数据分析，同时为了提高定位和位置数据的精准性，采用了多地点的经纬度计算中心点经纬度及位置和基于密度的聚类算法并结合校园地理环境信息进行位置解析，得到该校学生的时空行为轨迹的个体性与群体性的行为特征规律，主要结论如下：

（1）学生几乎所有的行为活动都发生在学校（占到了97%），反映学校对学生的整体管理非常好；学生们喜欢体育锻炼和参加个人素质提升的活动；学生对于自己可自由支配的时间更倾向于“宅”在宿舍，去教学场所进行学习的偏少。

（2）绝大多数的学生没有早上早起、锻炼身体以及吃早餐的习惯，绝大多数学生吃饭偏晚，而且吃饭没有具体固定的时间点，有吃夜宵的习惯；部分学生能够按学校要求晚自习或自主学习；在保证正常的文体活动之外，学生们更多的是愿意呆在宿舍进行一些活动。

（3）低年级的学生更愿意走出宿舍，去教学楼学习；年级越高的学生参与文体活动的比例越低；年级越高的学生校外活动的比例越高；大一的学生学习安排更为规范更符合学校教学计划，部分大二的学生可能旷课次数较多，因为考研大三有部分同学的学习活动比较均匀且投入的时间更多；年级越高的学生校外活动的次数也就越多。

8.3.6 其他

由于志愿者数量有限并且无法强制，同时大部分志愿者来自于二级学院的学生且数量相对较少，本文未能实现对学校所有学生的时空轨迹数据的收集及分析，其次，志愿者收集的数据未能达到质量较高的水平，因为各手机的后台处理方式不同会导致收集数据的APP会被清理，所以导致部分的志愿者的位置信息及停留点不足以及不连贯，对分析和挖掘学生更深层次的行为特征造成了困难。另外此次分析只能处理静态的历史数据，并不能将实时产生的新数据和历史数据结合分析。

最后，未来将在此次研究的基础上，谋求更方便和更可靠的收集时空轨迹信息的方式，增大学生的受众面，提取更加广泛的时空轨迹信息，做到实时的动态记录和分析，结合更为先进的大数据分析方式及软件，总结学生在时空上的行为特征与其人才素质发展的相关性，为高校对大学生素质能力培养提供更好更全面的管理依据及分析。

8.4 平台示范应用

8.4.1 厦门市 i教育大数据综合平台

i教育平台通过用户标准认证和数据标准逐步统一全市教育用户和数据出入口，实现实名认证和数据标准通道，同时开放数据统计查询入口给学校、教师、教育局，数据来源于群众，服务于群众，实现常态化数据生成，形成全市教育数据资产。

（1）数据互通，构建三个中心实现应用互助降低分散系统建设和维护成本

第一，构建i教育“综合服务中心”统一全市师生业务入口，实现一站式管理。服务中心全面开放，支持各类系统全面接入，支持区、校标准化数据输出和管理个性化设计，平台数据全面流通，实现全市教育统一政务平台。

第二，构建i教育“数据协同中心”，对全市各类系统进行全面整合，各系统厂家根据要求进行申请，根据资料审核，分配接入密钥，对厂家进行数据标准采集和数据支撑。通过采集和支撑各类不同系统，全链条拖拽式数据处理，实现不同系统数据接入、验证、转换、清洗、报表和可视化大屏。

第三，构建i教育“开放式能力中心”，通过开放式能力中心为全市各类系统进行赋能，告别原来系统上线用户导入、业务关系设置、交互培训、客服上线等烦琐工作，新系统只需完成认证接入，然后用户数据、上线全市业务协同网络即可，整体交互逻辑一致，并且接入统一客服中心。开放式平台将进行开放式接口对各类系统进行技术赋能，大大降低新技术使用成本，现已完成区块链、电子签章、数据存证等技术的接入，各业务系统只需要进行申请便可以进行使用。

（2）数据共享，建立全市教育数据协同机制

i教育综合服务平台建立了全市教育数据标准体系，通过规范数据接口要求，实现了与教育资源平台、教育服务平台、教育数据库等各应用系统之间的数据共享协同，解决各应用系统数据多源异构、数据孤岛问题。基于各类功能引擎，实现数据采集、治理、存储、清洗、加工、分析、展示等环节，发掘数据价值，加大对教育数据资产的利用，有效提升管理水平。

i教育平台还能和市民数据无缝对接，用户统一实名认证登录和市政务系统无缝对接切换；和医疗数据双向对接，医疗提供涉疫人群查询和近三年病例数据，教育提供校内检查和体检数据，让数据更完整准确；和公安数据单向对接，由于数据安全限制，只能通过用户定时比对验证，返回结果；和人社局单向对接，为人社局提供各类教师医社保核验，并提供身份信息进行教师职称相关数据结果；和民政数据双向对接，残联数据接入学校核验返回错误结果，核对修正。

8.4.2 中学校园计算中台案例

经两期智慧校园大数据交互共享平台及大数据中心建设，已实现平台化的统一身份认证、统一身份管理、统一授权和审计；同时实现统一平台化的数据管理中心，有统一的数据标准，有多种形式的数据获取方案和完整的数据接口标准。还搭载了教研系统模块、德育系统模块、考评系统模块，以及部分办公OA、后勤管理模块等。

（1）大数据中心建设

数据中心不是简单的硬件设备集成，也不仅仅是数据存储的中心，而是数据流通和应用服务的中心。建立了校园大数据中心，能够具备大数据展示中心和大数据查询中心。其中大数据查询中心，可实现全方位的查询功能，例如查询教师发展档案、教研情况、考核情况、实验次数、用车次数等等。该数据均来自于教职工日常业务数据，通过平台实现数据的统一汇聚、加工和展示。

收集、存储各类数据的同时有效地将数据管理起来，打破“信息孤岛”的存在，为学校各个应用系统提供统一的数据服务，保证数据的一致性。为学校各部门和各位领导提供工作决策所需的实时数据，各部门之间可以很方便地查看其他部门的公开数据；领导可以统筹查看全校所有部门的业务数据，能够直观地了解学校的情况。便于后期的应用系统开发，将应用与数据分离开来，降低应用系统扩展开发的难度，为全面整合学校应用系统打下坚实的基础。

（2）底层架构

大数据平台基于应用创建引擎、流程验证引擎、数据转化引擎、数据加工引擎、数据展示引擎、数据标准检索引擎等，支持设计贴合学校特定的管理模式，对于新增、调整业务应用和数据统计提供了便利。增强业务应用可拓展性、易用性，简单地拖拽组件功能就能够实现应用创建和统计分析，信息化人员也可进行简单应用的操作。

减少二次开发风险，避免资金资源浪费系统底层为组件式、模块式开发，在后期进行更新时就不会受到底层设计限制，可适应、实现新的业务

需求，极大程度上使用最小成本达到最高效益。

贴合学校适时的发展需求平台具有与时俱进的能力，能够根据学校需求进行功能完善、版本更新等。从智慧校园长期的发展规划考虑，适用性较强。

（3）业务应用

教研系统模块，从日常教学管理的视角来看，教研管理也是日常教学的管理当中重要的一环，教师除了教课以外，教研也是重要的职责之一。在教师本质工作来看，教学和教研本身即是互相促进、互相成长的过程。因此，学校对教师教研水平的提高尤为重视。在教研管理中，其主要业务包含以下部分：其一是对国家级、省级、校级课题申报、实施、结课等教研过程的管理；其二是对教研活动的过程管理，包括日常的教研会议、教研室教研活动、调研活动管理等；其三是对教研成果管理，尤其是对在国家、省市厅各政府行政部门举办的各类竞赛比赛、各行业协会举行的学术会议中取得表彰和奖励的优秀教研成果。

学校已在大数据平台上完成教研系统模块的搭载，有公开课讲座、课题管理、论文论著管理、指导教师情况、继续教育+校本教研登记、获奖情况、校本课程管理等应用，已全面覆盖学校教研涉及的所有内容。

公开课管理是学校的一大特色。新时代的学校教学模式不是教师自行“闭门造车”，这样不但不能提升自身的教学水平，同时也不利于提升学校整体的教学水平。公开课管理系统模块全面解决学校教师和教研室烦琐的公开课事务，教师可通过平台应用快速提交校级公开课、校际公开课、校级以上公开课、德育公开课、新教师考核课、研讨课等进行快速登记，可通过人工或者自动的方式进行审核管理，并且形成对应的分数，进入数据中心，老师能随时查看分数情况和登记状态，全面简化教工工作，并可以进行多维度数据分析。

厦门一中公开课、讲座证明汇总明细

学年	开课教师姓名	校区	学科	详情
2019-2020学年	王章宁	到外校交流	体育	查询…
2019-2020学年	王怀宁	到外校交流	政治	查询…
2019-2020学年	杜美玲	到外校交流	数学	查询…
2019-2020学年	黄春晓	到外校交流	生物	查询…
2019-2020学年	张寓光	到外校交流	英语	查询…
2019-2020学年	徐小平	宁德支教	数学	查询…
2019-2020学年	谢智华	宁德支教	物理	查询…
2019-2020学年	陈文虎	宁德支教	物理	查询…
2019-2020学年	刘鹏通	思明校区	体育	查询…
2019-2020学年	吴美平	思明校区	体育	查询…
2019-2020学年	曹佳林	思明校区	体育	查询…
2019-2020学年	周毅燕	思明校区	体育	查询…
2019-2020学年	赵艳	思明校区	信息技术	查询…
2019-2020学年	武衍杰	思明校区	化学	查询…
2019-2020学年	林静蓝	思明校区	化学	查询…

图8-26　工作明细图

通过对公开课的登记，对于个体教师来说，有利于精进自身的教学水平，老师们逐渐对教材的理解越来越深刻，对教学内容的处理越来越灵活，对教学过程的设计越来越科学。对于教师群体来说，公开课管理提供了很好的研讨、交流的空间。对于学校层面而言，公开课是一种很好的校本培训形式，它和教研组的各种教研活动结合起来，和教师“师带徒”活动结合起来进行。如没有骨干教师的“公开课”，骨干教师对年轻教师的指导就成了虚无指导，只是高谈阔论，没有实际演示，很难让年轻教师学有所得。

同时通过教师日常的业务数据，形成教研大数据查询统计中心，对全体教师发展数据、全校全科带教明细、校本教研主题发言情况、公开课讲座证明等内容电子化，易于存档，支持教师快速查询、调取某一阶段的相关数据，便于教研管理者和学校管理者快速掌握全体教师的发展情况。

图8-27　汇总查询图

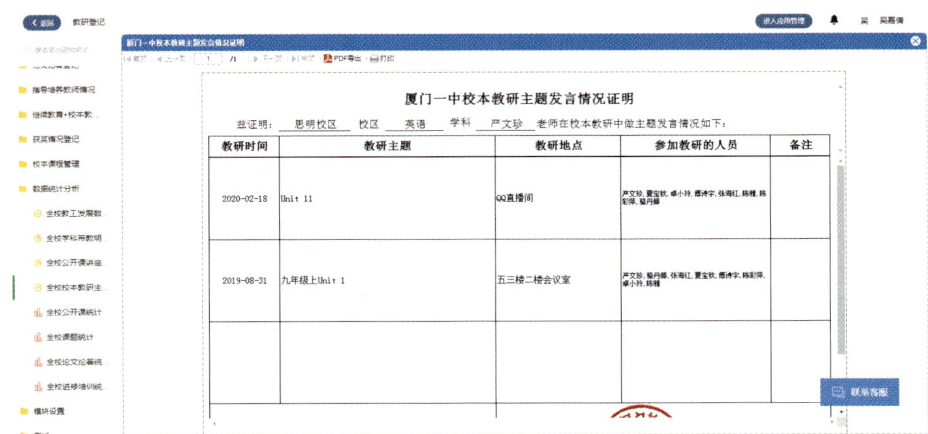

图8-28　工作证明界面图

实现对教研成果的集中管理，统计归档。教师的教研成果进行集中管理，将结题的课题项目、发表获奖的论文、教师所撰写的教材书籍等进行统计归档整理。通过信息化的教研管理系统，教研更为方便地对课题信息进行全面管控，使得管理的文档信息数字化，备份和存档查询更加精确快捷方便，提供了更为快捷高效的管理环境，同时节约了大量的时间与管理工作的精力，进一步提升了教师在自身教研管理上的效率和管理水平。

实现过程管理和全流程跟踪借助信息化的管理方法更便捷、更准确，对各项教学教研的项目、课题以及教学教研活动进行过程管理和全流程的跟踪。从以往教师线下办公转向大数据平台线上审批，一方面减轻老师的工作负担，提升了办事效率，更能将大量的时间专注于教学教研方面，关注自身和学生发展。

保障数据安全，避免人工管理的信息丢失：

使用大数据技术实现信息化管理，在跨度较长的教研周期中避免存档缺失、信息丢失的情况，同时也避免了管理人员岗位变化造成的管理不当的问题，相当大程度上保障了数据安全。

实现信息统筹，多维度数据分析：

轻松实现信息上的统筹，对某一阶段的工作、某一年度的查询统计能够实现多口径、多尺度的数据分析；同时随着教研项目和成果越来越多，其管理复杂性也越来越凸显，依托大数据平台底层构架可随时根据需要进行调整。

教工发展数据一览表

项目	级别	总数据	进行中数据	项目	级别	总数据	进行中数据
公开课和讲座	省级	90	4	论文论著	总数量	235	8
	市级	107	2	继续教育	国家级	10	0
	区县级	19	0		省级	115	0
	校级	671	5		市级	280	0
	总数量	916	11		校级	1	0
课题和校本课程	国家级	22	0		无	1185	0
	省级	159	0		总数量	1591	0
	市级	115	2	校本教研	无	997	6
	区县级	130	1		总数量	997	6
	校级	311	0	指导培养教师	省级	33	0
	总数量	737	3		市级	18	0
	ISBN	3	0		区县级	4	[illegible]
	CN级	97	2		校级	23	0

图8-29　工作证明登记图

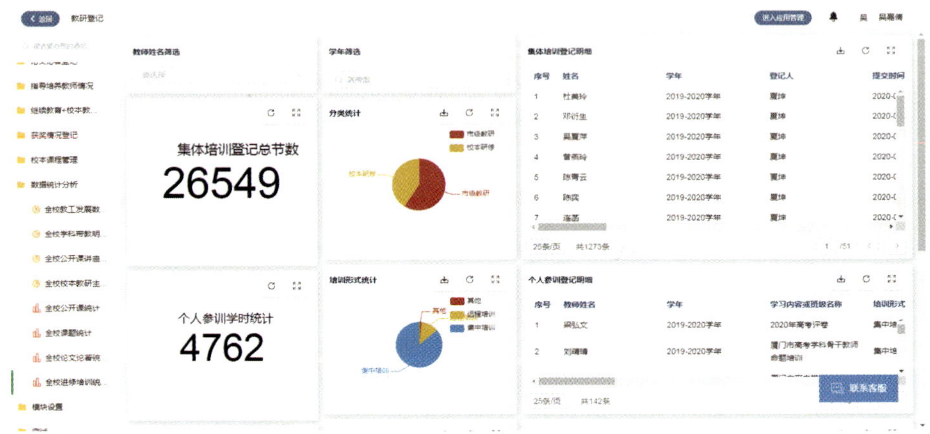

图8-30　工作统计界面图

图8-31　班主任工作统计界面图

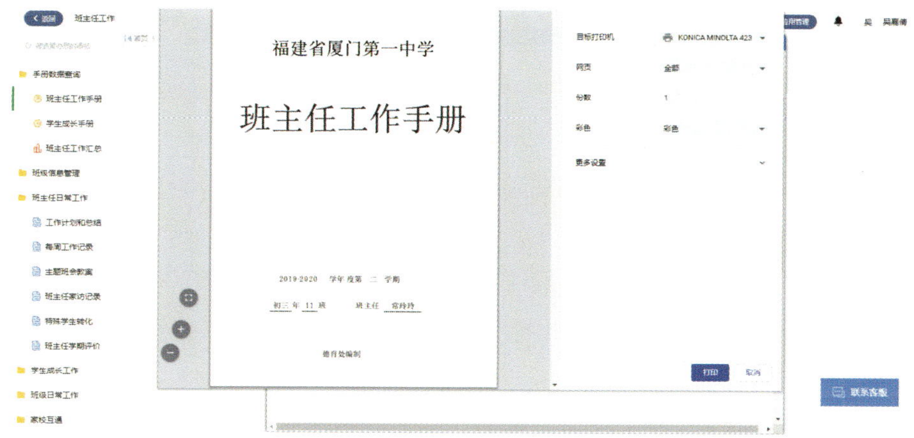

图8-32　班主任工作手册图

图8-33　学生素质报告图

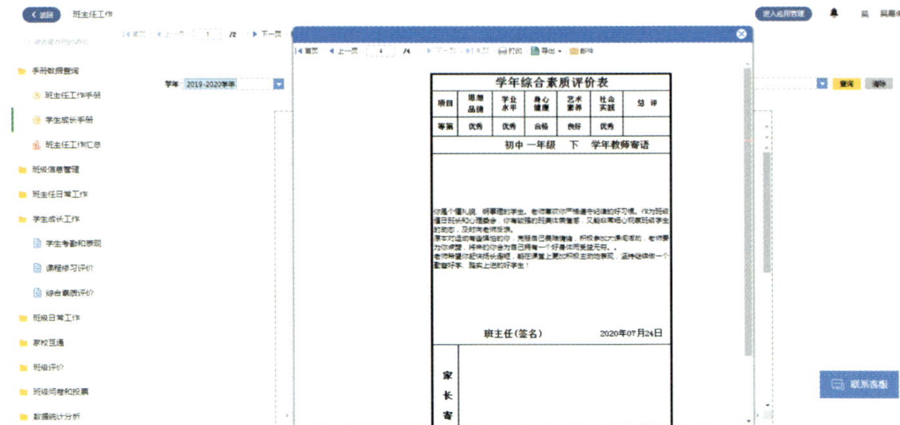

图8-34　学生素质评价图

图8-35　教师考评查询图

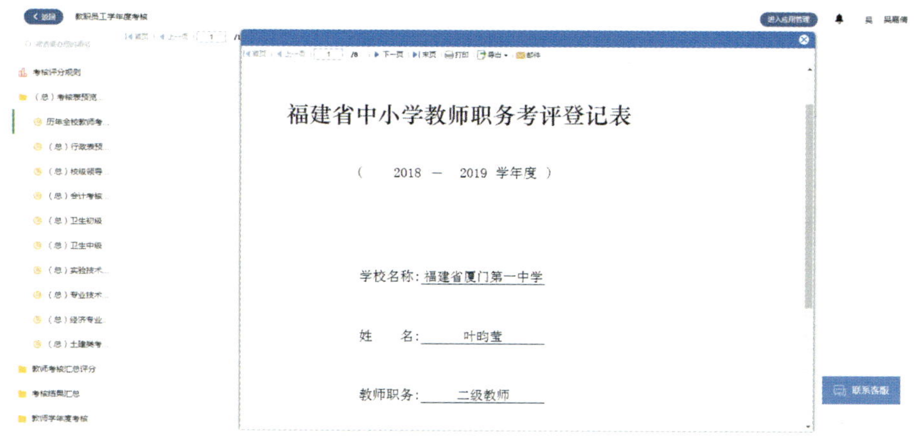

图8-36 职务考评界面图

校园计算数据中台整合体系化的底层能力，并通过开放平台，提供业务数据协同网络，打破数据孤岛、应用孤岛，并集成各类通用能力赋能教育单位。通过统一的身份识别、数据标准、权限管理和知识图谱等，构建应用开发平台，围绕学习、教学、管理、空间和服务等场景，形成体系化的解决方案，从而为管理单位、学校、教师、学生等不同用户提供便捷的服务。

参考文献

[1] Zhou C, Su F, Pei T, et al. COVID-19: Challenges to GIS with Big Data[J]. Geography and Sustainability, 2020.

[2] Chen M,Mao S,Liu Y. Big data:A Survey [J].Mobie Networks and appl ications,2014,19(2):171-209.

[3] 高涵.时空大数据在智慧交通中的应用综述[J].信息技术与信息化,2019(06):231-232.

[4] 教育部.教育信息化十年发展规划[DB/OL]. http://www.moe.gov.cn/ewebeditor/uploadfile/2012/03/29/20120329140800968.doc，2012-04-01.

[5] 蒋东兴，付小龙，袁芳，吴海燕，刘启新.大数据背景下的高校智慧校园建设探讨[J].华东师范大学学报（自然科学版），2015(S1):119-125+131.

[6] 柴彦威,塔娜.中国时空间行为研究进展[J]. 地理科学进展, 2013, 32(9):1362-1373.

[7] Wang SH, Zhong Y, Wang EQ. An integrated GIS platform architecture for spatiotemporal big data [J]. Computers, Environment and Urban Systems,2015,51:70-82.

[8] 刘汇慧.基于出租车GPS轨迹大数据的短时非运营行为建模与时空分布探测——以出租车加油（器）行为为例[D].武汉:武汉大学，2016.

[9] Diego O. Rodrigues, Azzedine Boukerche, Thiago H. Silva, Antonio A.F. Loureiro, Leandro A. Villas. Combining taxi and social media data to explore urban mobility issues[J]. Computer Communications,2018,132:111-125.

[10] 胡茜茜.基于学生个人大数据的行为特征分析[D].武汉：华中师范大学，2019.

[11] 扬琴.基于WiFi登录数据的大学生校园活动时空特征研究[D].武汉：华中师范大学，2016.

[12] 李璐.大数据时代与我国媒介化社会的嬗变——基于媒介环境学的视角[D].西安：陕西师范大学，2018.

[13] 张姜坤.大数据教育应用的伦理省视[D].济南：山东师范大学，2019.

[14] 杜江毅，边馥苓.面向大数据的空间数据挖掘综述[J].地理空间信息,2017,15(01):8-12.

[15] 卢艳松. 基于SOM的农业时空数据可视化分析模式[D].杭州：浙江农林大学,2015.

[16] 李德仁，马军，邵振峰.论时空大数据及其应用 [J].卫星应用，2015(9)：7-11.

[17] Storey VC and Song IY. Big data technologies and Management: What conceptual modeling can do[J]. Data & Knowledge Engineering, 2017,108:50-67.

[18] 陈吉荣，乐嘉锦.基于Hadoop生态系统的大数据解决方案综述[J].计算机工程与科学,2013,35(10):25-35.

[19] 卢毅. 基于Hadoop的移动网络信令及业务大数据分析[D].大连：大连理工大学,2018.

[20] 刘宏磊. 基于移动客户端位置信息的学生行为轨迹分析[D].西安：长安大学,2017。

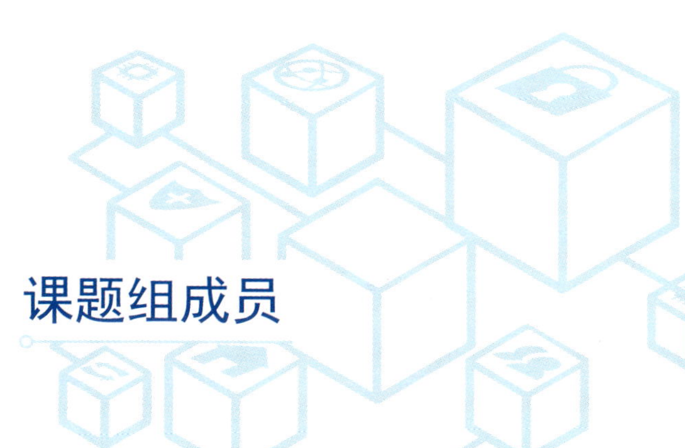

课题组成员

欧阳玲

福建省厦门双十中学党委书记、校长，正高级教师，福建省教科所特聘研究员（教授），集美大学思政专业硕士生导师，厦门市拔尖人才，厦门市政治学科带头人。主持全国教育科学规划2018年度教育部重点课题“基于区块链技术的中学生综合素质评价征信体系构建及应用研究”（课题批准号：DEA180435），以及多项省、市重点课题的研究工作，有10多篇论文发表在《人民教育》《教育评论》等核心刊物，主持完成的研究成果获得2020年福建省基础教育教学成果特等奖。个人曾获福建省优秀青年教师、福建省优秀教育工作者、厦门市优秀教师、厦门市教育局“教育教学创优奖”等荣誉。

戴鹭坚

厦门市教育事务受理中心书记、主任，全国教育装备标准化技术委员会委员，福建省教育厅信息化专家委员会委员，福建省学校德育研究与指导中心专家，厦门市人民政府督学。主持和参加多项教育部、省、市重点课题研究工作，发表多篇有关校园信息化的论文，其中《智能运动设备在厦门六中校园足球教学训练中的应用与探索》获2018年全国教育科研论文一等奖。

张建阳

正高级教师，现任厦门六中副校长。厦门市首批卓越型教师培养对象，厦门市首批名师工作室领衔人，厦门市中学专家型教师，厦门市中学化学学科带头人东北师大兼职硕士生导师，厦门市化学教育学会副会长。

刘　明

高级教师，福建省学科带头人培养对象，厦门市中学专家型教师，厦门市卓越教师培养对象。教学能力突出，曾获得福建省教师技能大赛第一名、全国第七届中学物理教学改革创新大赛高中组“一等奖”。

江礼平

厦门六中副书记，中学语文高级教师，厦门市语文学科带头人。曾获“厦门市优秀教师”，“福建省第二届语文优秀教师”称号。发表CN论文十多篇，主持和参与多项教育部、省、市级课题研究工作。

吴家榕

硕士毕业于北京师范大学，厦门市骨干教师，市优秀德育工作者，市优秀少先队辅导员，厦门六中德育副主任，主持完成市级课题一项，发表CN论文五篇，获市微课赛一等奖，市技能赛三等奖，市基本功比赛优秀奖。

苏圣奎

教育部“国培计划”名师领航工程赵祥枝名师工作室成员，厦门市拔尖人才、厦门市青年创新人才、厦门市新课程教学指导组成员、厦门市学科带头人培养对象。主持研究成果获得福建省基础教育教学成果一等奖。

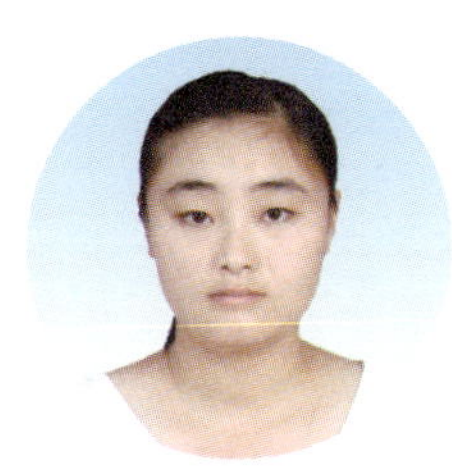

林　燕

福建厦门人，大学本科，法学专业，中共党员，现任福建省厦门第六中学总务处副主任。

赵向波

厦门市优秀青年、最美教师、优秀教师、优秀共产党员、新课程改革先进个人、市骨干教师、市青年五四奖章、两次获得高考优秀评卷员。主编并出版《中学生模拟联合国》等。参加厦门漳州两地20余次市质检命题工作。

王 璘

厦门市语文骨干教师，首批骨干班主任，厦门市优秀班主任，优秀共产党员。历任班主任、备课组长，教育教学能力突出，成绩斐然。曾荣获全国课堂教学能力展示大赛二等奖，厦门市课堂教学改革创新大赛二等奖。